有温度的销售

SALES WITH WARM

俞赛前 著

中国出版集团　全国百佳图书
中国民主法制出版社　出版单位

图书在版编目(CIP)数据

有温度的销售 / 俞赛前著. —北京:中国民主法制出版社,
2023.9
 ISBN 978-7-5162-3355-9

Ⅰ.①有… Ⅱ.①俞… Ⅲ.①销售–方法 Ⅳ.① F713.3

中国国家版本馆 CIP 数据核字 (2023) 第 158046 号

图书出品人:刘海涛
出 版 统 筹:石　松
责 任 编 辑:张佳彬　鲁轶凡

书　　名／有温度的销售
作　　者／俞赛前　著

出版·发行／中国民主法制出版社
地址／北京市丰台区右安门外玉林里 7 号(100069)
电话／(010) 63055259 (总编室)　63058068　63057714 (营销中心)
传真／(010) 63055259
http://www.npcpub.com
E-mail:mzfz@npcpub.com
经销／新华书店
开本／32 开　880 毫米 ×1230 毫米
印张／8　字数／146 千字
版本／2023 年 11 月第 1 版　2023 年 11 月第 1 次印刷
印刷／三河市腾飞印务有限公司

书号／ISBN 978-7-5162-3355-9
定价／55.00 元
出版声明／版权所有,侵权必究。

(如有缺页或倒装,本社负责退换)

自　序

"现在，行业内卷太严重了，价格上没有最低，只有更低。"

"给客户发微信，不回复；打电话，不接听；动不动人间蒸发玩失踪。"

"这两年，先活着吧，公司业务先缓缓，借这个时机，陪家人去外面转转。"

……

近三年来，笔者带着"销售力专业研究院"的同事们，每天都在接触一线销售团队，包括天南地北的多位企业的CEO、高管，以及各行业的销售管理层。各个企业无论规模大小、成立时间长短、所处哪个行业，都无不感受到创业的不易、守业的艰难。其实每一个创业者、CEO都不是独立的存在，不仅有一大帮跟自己打拼多年的兄弟姐妹、职业经理人和团队需要养活，还有各类上下游供应商需要维系，更有自己家里的房贷和开销……

后疫情时代，活着才是正道！

但是，在当下的社会大环境下，**苦练内功化危为机，提升企业内部运营效率才是销售的王道**。道理很简单，企业的运作需要现金流。任何一家企业想要将产品或服务在对的时间、以合适的价格卖给对的客户，那么在为客户带去价值的同时，必须努力维持企业的正常运转。而现实情况是，每时每刻都有交易发生，只是客户没有与你成交而已。

在当下的竞争格局下，产品价格压得更低，服务却更加多样，客户有了更多重的选择。如此一来，客户就会减少消费和投资的预算，推迟消费和投资的时机。由此可见，传统的销售理念、销售模式和销售方式必须与时俱进，不断迭代和更新，以适应现阶段近似"肉搏"的竞争压力。

传统的销售往往只关注一次性交易，客户与供应商就是简单的买卖关系，大家关注的也都是产品卖点和客户需求匹配，成交的难点在于性价比，毁于更低的价格甚至人际关系，这就是传统销售中最为典型的收割模式。

但时至今日，**销售已经不再是卖产品、卖服务，而是一个让客户体验到有温度的消费过程**。同时，销售也变成了一门获取客户信任、与客户保持长期关系的艺术。在销售过程中，要善于洞悉客户内心最高级的需求，即通过销售产品或服务为客户提供对应的解决方案，塑造积极的情绪价值，满足客户内心的不同需求，从而使情绪价值贯穿整个销售过程。另外，要营造积极、健康、有利于成交的客情关系，为客户提供最大的价值和效用，促进销售行为的顺利进行。笔者认为，这才是当下销售人员应该不断追求的目标，也是一个销售高手最核心的竞争力。

当然，要实现这样的销售目标，销售人员的知识水平、专业能力和个人素养是不可或缺的因素。销售人员需要不断修炼自我、提升自我，让自己成为情绪价值高手，与客户建立亲密的情绪联结，将正面、积极的情绪价值传递给客户，使客户对自己产生信任感和依赖感。如此一来，客户才能回馈给我们同等的情绪价值，并心甘情愿地接纳我们的指导和建议，与我们建立长期、稳定的合作关系。

从事销售行业的从业者们想必都是一群有激情、有梦想、有责任心的人，他们希望通过自己的努力，在为客户带去价值的同时，也能让自己生活得更美好。笔者希望本书对从事销售的兄弟姐妹们有所帮助，使大家能够在实际销售过程中不断完善自己的销售理念、销售模式和销售方式；希望本书能够为大家的销售成长之路尽到笔者的绵薄之力，这便足矣！

俞赛前

目录

第一章 / 001
重新定义新时代的商业关系

01 从一次性交易到关注客户的终身价值 / 003

02 从流量思维到流量池思维 / 010

03 从关注短期业绩到关注客户全生命周期 / 017

04 从交易模式到共生赋能的长期模式 / 025

05 情绪价值：新时代销售的核心竞争力 / 033

第二章 / 041
情绪价值：客户内心最高级的需求

01 情绪价值 = 情绪收益 – 情绪成本 / 043

02 从接受到引导再到控制：情绪价值的三个渐进阶段 / 052

03 销售行为是一种价值传递行为 / 061

04 情绪价值是感知价值最核心的组成部分 / 066

05 销售行为是针对客户需求的解决方案 / 072

06 情绪价值是客户内心最高级的需求 / 081

第三章 / 087
做好情绪管理，传递正面的情绪价值

01 演讲、说服、辩论、谈判等沟通方式在销售行为中的运用 / 089

02 与客户互动时，了解并掌控自己和客户的情绪 / 099

03 把话说到点子上，把话说到客户心坎里 / 108

04 用心聆听，积极引导并鼓励 / 117

第四章 / 125
满足客户不同需求，让情绪发挥最大价值

01 客户消费体验不佳，提供治愈型情绪价值 / 127

02 客户陷入经营困境，提供指导型情绪价值 / 136

03 客户需要外部输入，提供分享型情绪价值 / 141

04 客户愿意分享和输出，提供陪伴型情绪价值 / 148

05 客户心怀梦想，提供自我实现型情绪价值 / 156

06 让正向情绪价值贯穿整个销售过程 / 162

第五章 / 169
营造积极健康、利于成交的客情关系

01 包容接纳、共同成长，让客户了解和接受 / 171

02 放大彼此优势，互为助力，让客户获得安全感 / 178

03 主动分享，传递积极情绪，与客户达成情绪连接 / 185

04 避免客情关系的三大误区 / 192

第六章 / 199
向内修炼，主动成为情绪价值高手

01 提供情绪价值是一个销售人员的核心竞争力 / 201

02 情绪价值拉开了"销冠"与"小白"的差异 / 210

03 情绪洞察力和共情力是必需品 / 219

04 始终将客户利益放在第一位 / 227

05 成为一个让客户喜欢的人 / 234

致　谢 / 241

第一章

重新定义新时代的商业关系

今天,我们正处于一个商品与服务大爆炸的时代,各种各样的产品和服务只有想不到,没有找不到。一次性交易、流量思维、短期业绩正在不断抑制企业增长,取而代之的是销售人员和企业不断去关注客户的终身价值与全生命周期,与客户不断交互、共生赋能,从而为客户提供较高的情绪价值,提升客户忠诚度,与客户实现长期合作。这才是新时代企业要与客户建立的商业关系,也是新时代销售人员的核心竞争力。

本章要点：

- 新时代的商业关系应努力突破传统交易模式，降低老客户流失率，将与客户的一次性交易转变为关注和提升客户的终身价值。
- 以流量思维变现如同"结网捕鱼"，具有不确定性和不可持续性，而流量池思维如同"建塘养鱼"，最终形成一个流量生态圈，实现更多的流量裂变与转化。
- 关注客户全生命周期，满足客户不同发展阶段的需求，可有效提升客户忠诚度，与客户实现共生赋能。
- 企业和销售人员为客户提供的不仅是产品和服务，而且是情绪价值。如果销售人员准确地找到了客户的情绪点和真实需求，就能提升成交率。这也是新时代销售的核心竞争力。

01 从一次性交易到关注客户的终身价值

在传统交易中,销售人员与客户之间的关系往往比较单一,销售人员把产品或服务卖给客户,拿到客户的钱,一次交易便完成了。至于以后会不会跟这个客户打交道,企业或销售人员根本不去考虑,或者说根本没打算继续与其打交道。在这种情况下,企业想要持续发展,就必须不断寻找和开发新的客户。而一份市场调研报告显示,开发一个新客户所花费的成本要比留住一位老客户花费的成本高出数倍。也就是说,同样100万的销售额,如果都来自老客户的话,往往要比都来自新客户的成本低得多,而利润则要高得多,业绩也会稳定得多。很多大型企业每年都有约1/4的老客户流失,如果企业能够降低这些老客户的流失率,不但能降低开发新客户的成本,还能大大提高企业的营收。

以SaaS(Software-as-a-Service,意为"软件即服务")

平台供应商为例。在SaaS模式出现以前，传统的软件公司主要以每年向客户收取一笔软件维护费用的方式来持续地从老客户那里获利。但是，这样往往会带来两个明显的问题：一是从长期来看，企业增长乏力；二是客户遇到问题不能及时得到解决，体验感差，满意度不高。

在传统商业模式下，B2B产品的销售成本都是相当高的，主要是由于销售人员工资较高、平均销售周期长、市场投入费用大，等等。虽然单笔交易金额可能很大，但毛利率并不高。而随着市场逐渐饱和，开发新客户越来越难，单个新客户的获取成本也变得越来越高。但是老客户的贡献又非常有限，其每年所缴纳的软件维护费用只有之前合同金额的10%~20%。在这种情况下，企业要想持续增长，就只能依赖新客户的开发。所以我们看到，近几年，很多大型传统软件公司的增速都在放缓，有些甚至出现了负增长。

与此同时，在传统B2B商业模式下，即使软件厂商向老客户收取了软件维护费用，同时有技术支持团队按合同约定向老客户提供相应的支持服务，也只能解决客户遇到的产品问题或操作问题，或者帮客户升级软件版本等。至于产品使用是否顺畅、是否能为客户带来价值，就不是技术支持团队服务的内容了。在这种情况下，如果产品效果没有达到客户预期，或者客户没有从产品中获得相应价值，那么客户对产品的信任度就会大打折扣，甚至会觉得自己上当受骗了。这些都会导致客户满意度降低，并且一旦找到替代品，客户立刻就会"倒戈"，公司也就彻底失去了这个客户。

SaaS模式出现之后，就很好地解决了上述传统商业模式存在的问题。

首先，SaaS公司采取订阅模式，客户一次性付出成本降低，由此大大缩短了决策周期。同时，看似客户首次购买费用不高，但随着客户不断续约，客户的生命周期价值会逐渐超越传统模式下其一次性所支付的费用，并且费用会随着客户使用产品年限的延长而逐渐增加。当客户数量累积到一定程度后，就算是市场饱和了，SaaS公司每年从老客户身上获得的收益仍然很高。从长期来看，SaaS公司可以在新老客户的双收入引擎驱动之下，一直保持高速增长。

其次，SaaS公司想要维护老客户，必须能够为客户创造价值，并且要让客户实实在在感受到这些价值。在这方面，SaaS公司确实持续地关注客户使用数据，并及时主动地与客户保持沟通和联系，为客户解决问题、提供改进建议等，或者根据客户需求，对客户使用的产品和服务进行一定的优化和改善，帮助客户设定和达成更高的业务目标。这些都让客户真切地感受到了产品和服务所带来的价值，因此愿意继续与SaaS公司合作，而SaaS公司也维持了客户的高满意度和高留存率。

这就是一个非常有效的营销策略，引得其他软件厂商纷纷效仿。

从这个案例我们可以看出，企业想要获得持续增长，就必须降低老客户的流失率，把与客户的一次性交易转变为关注和提升客户的终身价值。

那么，什么是客户终身价值呢？

所谓客户终身价值（Life Time Value，LTV），就是指客户能够为企业带来的所有收益的总和。说得直白一些，就是一位客户一辈子在你这里消费多少钱、买多少东西。但这个收益并不仅指收入数字上的，还包括品牌效应等。这种终身价值反映的是客户对产品的忠诚度，也是客户对于产品或服务的深厚感情。

客户终身价值是企业营销的最大杠杆，单个客户的终身价值越高，带给企业的利润就越高，所以打造客户的终身价值非常重要。

实际上，很多客户在与企业或销售人员第一次交易时，都抱着一种测试心理，测试企业的产品或服务是不是靠谱儿、企业是不是值得信任。所以，第一次交易往往也是第二段关系的开始，企业或销售人员只有真正关心客户在使用过程中的体验和感受，然后将这些反馈给企业或厂商，企业或厂商不断根据客户需求和体验感受对产品或服务进行改善和优化，才有可能促进第二次、第三次交易。而当企业与客户多次成交后，企业后面的追加销售成本便几乎为零了，因为客户从你的产品或服务中获得了预期价值。人都是有惯性的，选择也是有惰性的，客户一旦形成习惯，就会主动地来你这里持续消费。这时，你再去比较一下该客户第一次购买你的产品时给你带来的价值，就会发现两者之间的巨大差别。

遗憾的是，现在很多企业或销售人员都只看到客户第一次带来的价值，却忽略了客户的终身价值，因而常常做出一些短视行为，制约了销售业绩的持续增长。

通常来说，客户的终身价值由三个部分组成，分别为历史价值、当前价值和潜在价值。

一、历史价值

历史价值就是客户从过去到现在，为企业带来的收益总和，简单来说，就是客户从第一次交易到现在已经实现了的价值。这个价值既包括客户为企业所贡献的销售收入，也包括该客户所沉淀下来的消费数据价值。

二、当前价值

当前价值是指客户按照当下的消费习惯和模式，在未来一段时间内可以为企业创造的收益总和。

三、潜在价值

潜在价值也叫未来价值,指的是企业或个人能够通过有效手段调动客户的购买积极性,维护客户的忠诚度,促使客户向他人推荐自己的产品或服务,从而为企业带来的收益总和。

举个简单的例子,我们在装修房子时需要购买很多材料。在大多数情况下,我们购买这些装修材料时,与卖家几乎就是一次性交易、一锤子买卖,毕竟很少有人会不停地买房子、装修房子。而很多卖装修材料的老板也习惯把客户当成一次性的消费对象,一手交钱,一手交货,交完货以后,交易也就结束了。

事实真的如此吗?

实际上,这些老板只看到了眼前的一点利益,却忽略了一个客户可能会连接和影响很多人。比如,客户的亲戚、朋友、同事、邻居,几乎所有客户的人都有可能受到影响。一旦他们有了装修需求,就很可能在客户的影响和推荐下,选择客户曾经选择的产品或服务。在这种情况下,客户为卖装修材料老板创造的就是历史价值或当前价值,而客户所连接和影响的人则很可能为老板创造潜在价值。

当然，这里也有一个重要前提，就是这些老板的产品和服务一定要让客户感到满意、舒服。只有这样，客户才愿意帮他宣传，为他引荐更多新客户。

客户的历史价值和当前价值都是有限的，而潜在价值却是无限的，当企业或销售人员能够从历史价值、当前价值和潜在价值三个维度来衡量客户的价值时，在经营客户、服务客户方面就不会过于局限。这也是为什么现在有些企业越来越重视挖掘客户的潜在价值，越来越重视服务客户，尤其服务好老客户的重要原因。

现如今，市场越来越成熟，参与市场竞争的团队和企业数量不断增加，未来市场竞争一定更加激烈，吸引新客户会变得越来越难。对于企业和销售人员来说，如果在开发新客户的同时，老客户不断流失，这无疑是一件得不偿失的事。如何更加深入地挖掘老客户的潜在价值，关注老客户的终身价值显得尤为重要。所以，企业和销售人员有必要做到对存量市场的深耕，维护好老客户，让老客户不断产生复购消费的欲望，同时吸引新客户的加入。这才是新时代里卓有成效的商业模式。

02 从流量思维到流量池思维

无论做什么样的生意，都需要有流量，这样才能变现。对于实体企业来说，这种流量就是人流；对于电商企业来说，这种流量就是客流。没有流量或者吸引不来流量，赚钱就是空谈。为什么一些商家明知道市区购物中心租金高，还是硬往里挤？为什么企业宁可花上百万，也要跟只有几个年轻人的自媒体合作？这都是因为那里有流量。过去我们常说"酒香不怕巷子深"，但今天即使你的产品再好、服务再到位，没有流量也是空谈。所以，想要变现，就要先获取流量，继而将流量变现，为企业带来收益和利润。

在这种现状的影响下，越来越多的人开始以流量思维去思考问题，想方设法地为自己引流，结果发现，流量是有了，却并没有达到期望中的直接变现目标。为什么会这样呢？

原因就在于这些人所持的是一种流量思维。

一、流量思维，"结网捕鱼"变现有限

所谓流量思维，简而言之，就是在价值链的各个环节中都要以流量多少去考虑问题。对于企业来说，流量就是企业的客户流，企业的客户越多，带来的收益就越多，利润也越多，这也是当下很多企业或销售人员所持的一种流量转化思维。于是，为了实现更多转化，企业的销售人员就会不断地去寻找新的客户，触达新的客户，只要找到一个有成交意向的客户，他们便立刻想办法催单、逼单，完成一次性转化。一旦发现某个客户在短时间内没有成交意向，他们马上就会放弃，继而去寻找下一个客户。

从短期来看，这种做法好像并没有什么问题，毕竟现在市场竞争激烈，无论是卖产品，还是卖服务，供应商都非常多，产品和服务同质化十分严重，而客户又相当有限，如果不极力争取，很可能一转身就被别人争取走了。而且销售人员每个月都有业绩指标要完成，否则自己的收入就会受到影响。所以，他们只能追求高效，寻找那些最容易成交的客户，快速达成交易，最好能第一次见面就签单。而对于那些条件不够成熟的客户，或是无法在当月、当季成交的客户，销售人员并不愿意花费时间和心思去维系或跟进。

一次性成功的机会存在吗？

它确实存在，但概率非常低。一方面，优质客户本身很少；另一方面，销售人员的这种行为就是在"吃快餐"，虽然能吸引一定的流量资源，但是一种典型的"捕鱼模式"。客户相当于"鱼"，市场就是"鱼塘"，你想要更多的"鱼"，就要在市场这个大"鱼塘"里广撒网，不停地"捕"。

我们从腾讯 QQ 的系列衍生品中就可以看出这种"捕鱼模式"的营销方式。2002 年，腾讯 QQ 注册用户和在线用户分别突破 1 亿和 300 万。除了无线增值服务和互联网增值服务，腾讯在 QQ 产品衍生之路上走得乐此不疲：腾讯 TM、RTX、企业 QQ、营销 QQ……各种基于 QQ 的即时工具层出不穷。其中，腾讯 TM 就是如法炮制 QQ 的一款适用于办公室的即时通信工具，当时作为抗衡 MSN 的产品被推出，但随着 MSN 的不温不火，TM 所受到的重视程度开始下降，开发进度渐趋缓慢。而包括 TM 与 RTX 在内的工具只能提供企业内部沟通管理服务，不能与客户关联，因而热度也逐渐下降。

腾讯 QQ 衍生的每一款产品都相当于结了一张大网，通过引流增量来捕获更多的客户。同时想要实现增量，它就要不断地获取新用户，才有可能得到更大的利润。

但是，靠"捕鱼"来满足需求是具有很大的不确定性和不可持续性的，毕竟有很多"漏网之鱼"，还有很多是"死鱼"，流量在转化过程中会流失。这就使得获取流量的成本越来越高，获取信任难度越来越大。现在的一些自媒体走的就是这条路子，先通过各种标题博取眼球，获取一批粉丝，再接连不断地将广告推送给粉丝，消费这条"鱼"，最后"鱼"吃完了，流量没了，一切又回到了原点。所以现在很多人都唱衰自媒体，这自然有互联网大环境的原因，但更多的是与大部分自媒体人只具备流量思维有关。很显然，这条路已经越来越难走了。

二、流量池思维，"建塘养鱼"实现流量裂变

当然，想把生意做好，肯定离不开客户流量，这个思路没毛病，但真正的客户在哪里呢？就在自己手里和竞争对手手里。除了自己的固定客户外，还有一些潜在客户可能正在左右摇摆，不知道该选择谁，或者当前条件尚不成熟，比如暂时没有需求或没有支付能力等，或者正在与你的竞争对手合作。但是，这并不表示你要放弃这部分客户，认为这部分客户没有价值。相反，你完全可以建一个"鱼池"，把这些潜在客户当成自己的"鱼苗"慢慢养起来，并且不断去培养，向对方发送信号，传递自己的产品或服务的价值。通过多次高频地与这些潜在客户进行交流互动，逐渐将自己的产品或服务的价值渗透到对方心里，慢慢培养他们对你的产品或服务的印象和情感，最终你会发现，这部分"鱼"以及他们"繁衍"后为你创造的价值要

远比那些一次性客户为你带来的价值多。

这就是一种流量池思维。它的核心是把流量增长当成一个体系去维护,而不仅是为了获取流量,或者说拉来流量进行单次交易就结束,而是为了后续的进一步流量运营,挖掘客户的终身价值,让客户不断在你这里消费,成为你的"忠实粉丝",同时能为你带来更多的客户。

流量池思维与流量思维最大的不同就在于流量池思维更关注长期客户关系的培养与流量的循环转化,而不是只与客户简单地进行一次性交易(如图1-1所示)。

图 1-1

以流量池思维来运营"鱼塘",你的流量变现模式就不局限于某条"鱼",这样的变现能力是很弱的,而是要以这条"鱼"为依托,将更多的"鱼"吸引到自己的"鱼塘"中,成为自己取之不尽、用之不竭的资源。简单来说,就是要拉来流量、沉淀流量、裂变流量(如图1-2所示)。

拉来流量　　　　　沉淀流量　　　　　裂变流量

图 1-2

我们以抖音和拼多多的快速引流为例，来诠释一下这两个概念。

抖音在刚上线时，曾专门开辟了一个导流页面，可以直接从 QQ、微信上添加好友，这就相当于从腾讯的鱼塘里面"捕鱼"。拼多多的导流入口更加简单粗暴，那就是从腾讯上直接开放。

这种方法不难理解，我们在寻找客户时，也会四处发传单，甚至直接发到竞争对手的门口，试图从竞争对手那里把客户挖过来。但你发现，即使你发出去无数传单，做了大量广告，最后并没有吸引几个客户，这是为什么？因为你"捕鱼"的方式违反了"鱼塘"原理的本质。"鱼塘"里的"鱼"是有限的，竞争对手怎么会轻易让你从自己的"鱼塘"里把"鱼"捕走呢？

抖音最初的"捕鱼"方式就是这样的，通过分享链接来抢夺腾讯用户在微信应用上的使用时间。眼见自己的"鱼"

要被别人捕走了，腾讯只好关闭抖音分享功能，还重新推出微视与抖音对抗，捍卫自己的"鱼塘"。

反观拼多多，同样是在腾讯的"鱼塘"里活动，但由于两者间不存在竞争关系，腾讯做社交，拼多多做电商，两者的经营目标不冲突。即使拼多多在腾讯的"鱼塘"捕鱼，腾讯的用户也不会减少，而拼多多上的"拼团"活动还能在微信好友、微信群和朋友圈里实现交易，促进了客户在微信上的使用时间，腾讯简直求之不得呢！于是，拼多多便利用这一优势不断为自己引流，同时利用自己的经营方式慢慢"养鱼"，沉淀流量，最终实现流量裂变。

所以，想拥有更多的"鱼"，直接去人家"鱼塘"里捕是不行的，也不是长久之计。你要用自己的"鱼塘"才行，并且你的"鱼塘"最好避开与别人的直接竞争关系。如果实在避不开，就从竞争转向合作，实现流量共享，一起建一个更大的"鱼池"，吸引更多的"鱼"前来，最终形成一个流量生态圈，实现更多的流量裂变与转化。当然，在此过程中，企业也要不断打造自身品牌，提升自身实力，销售人员则要及时将企业的产品和服务的价值传递给客户，让客户看到你的产品和服务在不断为自己创造价值，继而提高客户复购率，并利用存量客户发展出更多新的增量客户。这样，企业才能实现持续增长。

03 从关注短期业绩到关注客户全生命周期

"签单至上,回款为王",这是长久以来被销售人员奉行的"金科玉律"。基于这样的认知,很多关于销售的培训都以突出销售知识和技巧为主要内容。很多销售人员在日常工作中,也会运用各种各样的销售技巧与客户实现快速成交,取得了看似不俗的业绩。

但是,随着市场环境变化和自身发展,越来越多的客户对产品和服务提出了更全面、更细致、更个性化的需求,如果企业不能有效地响应和满足客户的这些需求,即使销售人员经验再丰富,面临客户持续变化的购买需求时,自己的那套销售方式也无法继续适用,而客户迟早会离开。

笔者相信很多销售人员都有过这样的经历:当你向某个客户极力推销自己的产品或服务时,明知客户无法有效地使用自己的产品或服务,甚至自己根本没有产品方案能够满足客户提出的需求。遇到这种情况，你会怎么办？

如果销售人员只关注短期业绩，希望短期内完成销售任务，那么肯定会运用各种签单技巧，在客户身上寻求立竿见影的回报——签订合同，拿到首付款，同时自己也如愿以偿地拿到提成或奖金。但是，这样很可能会掩盖自己的产品或服务无法满足客户真实需求这一事实，或者给客户做出产品或服务原本就不具备承诺的功能。而一旦客户发现自己花钱买来的产品或服务并没有自己期望的功能，并且企业在后续服务中也提供不了这些功能，那么客户就会产生上当受骗的感觉。不仅如此，客户还可能将自己的经历告知身边的人。尤其在互联网时代，客户体验成了销售能否成功的关键因素之一，客户体验感不好、不满意，身边的同行很快就能知道。这样一来，你就会因为一单短期业绩而失去一个甚至多个长期客户，战术上虽然取得了胜利，战略上却遭遇了大大的失败。

事实上，真正成功的销售是使客户愿意重复地在你这里购买产品或服务，愿意与你建立持续的合作关系，并且对你的产品或服务由衷地满意，还愿意把你的产品或服务热情地推荐给他身边的人，而不是跟你之间只有一纸合同的关系。这就需要企业和销售人员能够与客户共同面对问题和挑战，共同探求解决问题的最佳方案，最终实现持久的、双赢的合作。简而言之，以客户为出发点，维护好与客户的关系，远比拿下一笔订单更重要。

怎样才算是"以客户为出发点"呢？

简单来说，就是要清楚地知道每个时期客户真正需要的是什么，然后为客户提供不同时期对产品或服务的不同需求。要知道，客户也是在不断成长的，一开始可能只是个小作坊，慢慢成长为一个大企业，或者一开始只需要单一的产品或服务，后来慢慢变成对多种产品的需求，甚至变成对几个产品系列的需求。在这个过程中，客户不断变大、变强，那么你所能提供的产品和服务也必须是与客户需求同步的，是能够匹配得上客户的成长速度的。只有这样，你才有可能与客户建立长期合作关系，而不是一锤子买卖，很快就被其他竞争对手取代。

这里就涉及一个重要的概念：客户全生命周期。什么是客户全生命周期？一个人的成长要经历婴儿、儿童、少年、青年、中年、老年几个阶段，一个产品的诞生也要经历研发、生产、上市、退市、尾货处理几个阶段。同样，对于产品和服务的销售过程来说，也可以根据客户与产品的接触情况进行阶段性划分，这就是客户的全生命周期。

实际上，不论是产品刚刚上市，还是已经在市场上存在了一段时间，只要它还在对外销售，就会每天接触到新客户，也会每天失去一部分客户。在产品种类日益丰富的今天，没有绝对忠诚的客户,任何企业和销售人员都不可能保证哪一个客户会永远关注并使用某一款产品,而我们要做的只是尽可能地延长客户的生命周期。客户的生命周期越长,我们能争取到的成交概率就越高,获得的收益也就越多。因此,企业或销售人员不能只关注短期业绩,而是要多关注客户的全生命周期,做好客户全生命周期管理,为企业和个人争取最大化利益。

要关注并做好客户全生命周期管理,企业和销售人员需要根据自身产品和服务的实际情况,对客户群体的生命周期进行简单计算,再根据客户全生命周期管理的底层逻辑对应地采取恰当的管理方案。很多时候,客户与企业的关系都像是在谈恋爱,会经历相遇、相恋、结婚、婚后日常相处等阶段。在此过程中,销售人员就像是媒人,要让客户每天接触到产品,对产品逐渐产生好感、喜爱和依赖之情,就像是在谈恋爱一样。

因此,根据客户与产品的接触情况,我们就可以把客户的全生命周期分为五个阶段,分别为:引入期、成长期、成熟期、休眠期和流失期(如图1-3所示)。在不同的生命周期,客户的情况各不相同,我们的运营目标和销售策略也要有所不同。

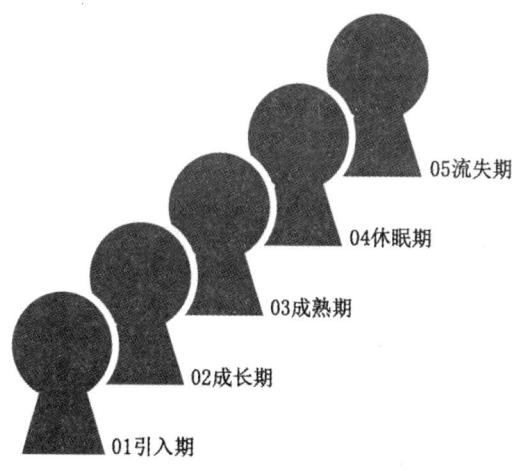

图 1-3

一、引入期

顾名思义,引入期就是初步获取客户,让客户开始与产品接触的阶段。在这个阶段,销售人员的任务就是通过对客户的筛选、拜访等引流手段,将市场中潜在的客户流量转化为自己的真实客户。

需要注意的是,此时销售人员不但要注重客户的数量,还要注重客户的质量,也就是要注意筛选有效客户。尤其在客户数量与质量发生冲突时,要将质量放在首位,因为只有高质量的客户才是目标和有价值的客户,也只有在寻找高质量客户的基础上,才有可能对获客渠道和模式进行不断优化。

比如，深圳的天图通逊供应链有限公司，公司销售人员在接触客户时，首先要通过智能外呼等方式对客户线索进行筛选，外呼机器人以 AI 技术模拟真人语音，通过智能应答将意向客户通过微信推送给销售。随后，销售人员去维系这些精准需求客户，上门拜访，了解客户需求，推进成交，其销售模式（如图 1-4 所示）。

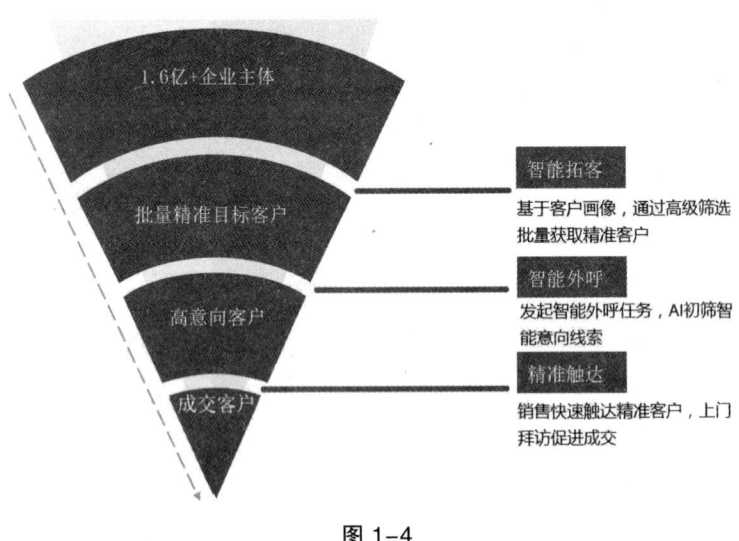

图 1-4

二、成长期

进入成长期后，客户已经开始对产品或服务进行体验，这时，销售人员就要通过优质的产品体验和服务来增强客户对产品的好感与信心。在售后服务中，还要耐心、细致地向客户传达产品正确的使用方法，将产品能提供给客户的价值发挥到最大化，以此赢得客户对产品或服务价值的认可，培养客户的使用习惯，提升客户复购率。

三、成熟期

在客户对产品的使用习惯形成后，就进入对产品功能、性能的深入体验和研究阶段。这时，如果客户体验良好，就容易对产品产生忠诚度，并且愿意为产品的使用付出一定的成本。所以，这个时期的客户也是最容易再次成交的，销售人员应该抓住机会，通过各种关怀手段加强与客户的情感连接，维持客户忠诚度。

四、休眠期

当你的产品或服务为客户提供的价值已经达到最大化，客户失去新鲜感之后，就可能对产品或服务产生倦怠感，对产品的依赖度也会有所降低。这时，企业面临的最大挑战就是预防客户流失，销售人员可以通过客户行为来了解客户的活跃度情况，继而重点对客户画像进行优化和改善，再通过各种手段主动刺激与激活客户，从而唤醒客户，让客户重新回到增长曲线上。

五、流失期

进入流失期，客户往往已经对产品或服务有了诸多不满，或者说你的产品和服务已经无法满足客户的更高需求，客户已经找到了更符合自己需求的同类产品，决定放弃该产品的使用。这时，销售人员同样需要通过一些手段尽可能地改进产品和服务功能，或者为老客户提供一些特别优惠，尽量留住老客户；也可以通过一些措施对忠诚的老客户进行奖赏，以激励老客户为我们销售工作代言和宣传，吸引更多的新客户加入，实现口碑营销。

总而言之，客户的全生命周期时刻都在发生变化，我们在推销产品或服务时，不能只关注眼前业绩，而是要把合适的产品以合适的价格卖给合适的客户，让产品和服务与客户当下的需求相匹配。其中，合适的产品可以是标准化的，后期不需要做过多的更新迭代，也可以是定制化的，以满足客户不同发展阶段的实际需求。这样的产品才能更好地匹配客户，持续地为客户带来价值，同时留住客户，提升成交量。

04 从交易模式到共生赋能的长期模式

我们经常会听到一些销售人员抱怨：

"花了很长时间和精力才争取来的客户，却在一次交易后没有下文了。"

"跟自己合作了很长时间的老客户，突然毫无征兆地跑到竞争对手那边去了。"

"要跟客户建立长期合作太难了！"

……

为什么会出现这些问题？

相信很多销售人员都感到困惑。其实，这是一种非常正常的现象，因为在商业社会中，客户很难对一款产品或一个品牌保持永远忠诚。企业和客户之间的合作是建立在一定基础之上的，即企业的产品或服务能够为客户持续地带来价值。一旦这个基础被打破，客户就会流失，转而与能为他们提供更优质产品、更优质服务和更优惠价格的企业合作。

这就向企业和销售人员提出了较高的要求，要想提升客户忠诚度，必须时刻关注客户需求的变化，努力满足客户不同时期的需求，使客户对企业的产品或服务产生喜爱和依恋之情。当客户对企业的产品或服务在情感、行为和意识上产生忠诚后，才有可能成为真正的忠诚客户（如图1-5所示）。

图1-5

实际上，如今的销售交易模式已经发生了巨大变化，企业必须真正做到以客户需求为核心，多维度、多角度地为客户创造良好的体验，有效增长客户在消费和使用产品过程中的愉悦感，同时不断提升自己的产品价值，与客户共生赋能，这样才能不断刺激客户的消费欲望，使客户对产品和品牌保持好感，维持长期的合作关系。

当然，要建立客户忠诚度并不容易，尤其伴随着产品和服务的日益多元化，客户可选择的范围越来越广。借助互联网，客户也可以实现货比百家甚至千家。在这种情况下，提升客户忠诚度越来越难。想要让客户忠诚你的产品和品牌，就必须让客户与产品相互依存、相互成就，而企业和销售人员要做的就是及时根据客户需求调整产品价值，从单一的交易模式转变为与客户共生赋能的长期模式。

很多人都喜欢苹果系列的产品，甚至成为多年的"果粉"，苹果产品中也确实有不少成功的案例。比如音乐播放器 iPod 成功的关键就在于它为消费者提供了一个非常有吸引力的价值主张：为客户提供了一种崭新的、个性化的在线音乐解决方案。客户可以通过 iPod（硬件）和 iTunes（软件）随时随地轻松地找到自己喜欢的音乐，并且以便宜的价格和便捷的付费方式将其下载下来，获得几近完美的视听享受和体验。这就让苹果的商业模式从一次性的硬件交易模式转变为"硬件+内容"的模式，通过与客户的持久性交互，不断为客户创造更大的价值。

围绕苹果产品，还有一些第三方的独立主题社区提供企业与客户的深度交互，比如与苹果公司 iPone 智能手机同一天诞生的"威锋网"，最初就是为了给"果粉"提供一个自由交流、探讨和学习的平台。但是成立之后，该平台也在不断自我进化，"果粉"在上面不但能展开讨论和互动，还能找到最新最全的苹果相关信息和科技资讯，以及最详尽、最有趣的玩机教程。与此同时，苹果公司的研发专家们也从该平台上获得了很多对改进产品和服务有价值的创意和建议。

改变对客户角色的传统认知，既可以不断为企业重塑价值奠定基础，还能通过交互提升客户体验感。这样不但能提升客户忠诚度，还能让客户参与产品或服务的不断迭代与创新。要知道，企业设计产品或提供服务不仅是为了让客户现在使用，还需要实现产品的可进化性，也就是能在未来根据客户需求变化或企业升级进行修正和扩展的可能。只有这样，企业才能与客户最大限度地实现价值共创，从而建立起企业与客户共生赋能的长期合作模式。

事实上，现在的很多产品，比如软件类产品、SaaS类产品、定制类产品等，客户在使用过程中会发现各种各样的问题。在多数情况下，这些问题都是由于客户的实际需求与产品的功能不匹配造成的。还有一些客户，由于使用产品或服务的工作人员操作能力有限，因而对产品或服务的体验感不够好。

在这种情况下，企业和销售人员在接触客户时，不仅要卖一款产品给客户，还要时刻关注客户遇到的问题和真实需求。在必要的时候，还应该为客户提供一定的培训支持与技术服务，教会客户一方的使用人员正确地使用产品，使产品的功能和价值最大化。同时，销售人员还要高频地去触达客户，了解客户在使用产品或服务时有哪些问题需要解决，或者客户一方出现了哪些新的变化或需求，需要对产品进行优化和迭代等。这样及时地与客户进行沟通交流，才能了解客户在使用产品或服务过程中遇到的问题以及真实需求，继而为客户创造良好的体验，让客户对我们的产品或服务一直保持兴趣和好感。

以海尔推出的免清洗洗衣机为例，海尔的销售人员在社群里与客户沟通、收集信息时，发现很多客户对洗衣机内桶的清洁问题很关注，很多用户都发现洗衣机内桶很脏，但清洗又很难，不知道如何解决。发现这个痛点后，销售人员就将这个问题反馈到公司技术部，技术部为此专门搭建了一个关于解决洗衣机内桶脏问题的网上平台，在线与客户进行深入沟通，先后有900多万客户参与了这个话题的讨论与交流，并提出了800多个解决方案。接下来，海尔的研发人员开始找专家、资源方及客户对各种方案进行论证，最终确定利用"智慧球"这一方案来开发免清洗洗衣机。与此同时，针对"智慧球"的材质、韧性等问题，研发部门积极地与客户进行了沟通。

依照客户的需求，海尔开始生产制造免清洗洗衣机，在此过程中，有些客户还提出了个性化需求，于是，海尔制造工厂专门采取柔性生产系统,解决一部分客户个性化定制的需求。产品制造完成后,海尔又采取"智能物流"的方式采取按需配送、按需安装。

可以说,从互联工厂到客户家中,海尔所提供的都是"有温度的服务",细心关注客户在每一个环节的体验。而在售后服务阶段,海尔的销售人员也在不断与客户进行持续交互,了解客户使用产品后的体验和新的需求,不断推动产品的功能和外观进行新的迭代,从而进行下一轮价值共创和共生赋能的流程。

从海尔的案例可以看出,真正决定产品和服务对客户价值的,既有客户实实在在体验到的品质,还有因使用、体验产品和服务而享受到的生活乐趣。产品和服务的价值也会因客户个体差异而有所不同,当客户决定是否购买某一产品和服务时,客户期望的体验就决定了他的支付意愿。所以,在与客户进行交易时,企业和销售人员必须注意下面几个问题:

一、注重客户的首次购物体验

客户对产品或服务的第一印象非常重要,而客户首次购物体验是否愉快决定了客户对产品或服务、对销售人员的印象。如果客户在首次消费过程中体验不佳,那么他们就容易对产品传播带来负面口碑,不仅这个客户不再与我们合作,他周围的人，包括家人、朋友、同事等，都可能受他的影响，不会选择我们的产品。

因此，在销售过程中，销售人员一定要尽力给每一位客户创造良好的首次购物体验，为接下来的第二次、第三次……第 N 次交易打好基础。

二、注重客户的情感体验

要想与客户达成交易，建立良好的客户购物体验，为后面的长期合作与共生赋能做好铺垫，关键在于前期一定要打动客户的心。所以，在销售过程中，销售人员还要遵循一个原则，那就是我们不仅是在卖产品，还是在提供关怀。在当前越发激烈的市场竞争中，纯粹的交易关系已经难以引发客户的情感共鸣，如果能在交易过程中给予客户更多的人文关怀，与客户建立更多的情感联结，注重客户的情绪与情感体验，客户就会对我们好感倍增。有了情感联结，后期的再次交易就会变得简单和自然。

三、注重每一个微不足道的细节

想让客户记住我们的产品，接受我们的服务，关键不在于大张旗鼓地向客户展示什么，告诉客户我们的产品多优秀、我们的服务多值得信赖，而是润物细无声般地给予对方信心，通过无数贴心的细节逐渐感动客户，让客户由衷地对我们的产品和服务表示认可和赞同，这样才有可能赢得与客户的长期合作。

比如，上文提到的海尔生产制造的免清洗洗衣机，在产品原型出来后，海尔并没有直接销售，而是在网上发起了免清洗洗衣机全球首发预售活动，预售数量为3000台，预售预约人数达1万多人。这个环节中最重要的一点就是海尔的研发与技术人员不断与试用的客户进行深度交互，了解产品的适用性，通过客户体验一点点地寻找需要改进的细节。在这个过程中，海尔共收集到了500多份客户体验报告，对改进产品细节有很大的帮助。

当然，与客户的共生赋能并不是一朝一夕就能完成的，必须长期坚持，不断地去关注、触达客户，与客户交互，同时不断改进自己的产品与服务，源源不断地向客户输送新的价值，这样才能赢得客户的信赖，得到客户的真心认可与主动推荐，提升客户的忠诚度。

05 情绪价值：新时代销售的核心竞争力

在新消费时代，消费领域正在发生着非常明显的变化。以前买东西，人们关注的通常是产品的质量、功能、性价比等，而现在，市场上的各类产品基本是供大于求，产品本身的质量、功能、性价比等也是大同小异，甚至连销售模式，如电销、约访、上门面访、敲定合作细节，直至最后成交及售后服务等流程，都没有太大差别。所以，不同企业的产品给客户带来的价值也就没有明显差异。在这种情况下，我们的产品要如何在众多的竞争对手中胜出呢？

实际上，影响客户购买行为的除了产品的质量、性能、性价比等，还有一个非常重要的因素，也是很多销售人员和商家容易忽略的因素，那就是情绪价值。

什么是情绪价值呢？

简单来说，就是一个人对他人情绪所产生的影响。你能对他人情绪产生正面影响，就是情绪价值高；能而对他人情绪产生负面影响，就是情绪价值低。同样，能对他人情绪产生更多的正面影响，也就更容易获得对方的信任。所以对于销售人员来说，实现成功销售最重要的一步就是对客户产生正面的情绪影响，赢得客户的信任。

但是，在实际的销售活动中，销售人员或企业面临更多的情况却是与客户之间陷入一种双向对抗情绪：销售人员或企业想方设法去赚客户的钱，而客户也知道销售人员或企业就是想赚他的钱。一旦有了这种情绪，双方的心态便都不会太好。但真正高段位的销售考验的不是技巧，而是销售人员能够为客户带来什么。简而言之，最厉害的销售提供的不仅是产品和服务，更是情绪价值。

2011年，经过400多个日夜的奋斗，小米第一代手机终于诞生了。在北京798艺术区，小米公司创始人雷军亲自站在演讲台上，宣布了小米手机诞生，首款手机售价为1999元。这时，台下一片欢呼，所有人自发起立鼓掌足足有3分钟。

2020年2月13日，小米举行发布会，但由于新冠肺炎疫情的影响，发布会改为线上直播进行，雷军一个人讲了将近2个小时。如果不是"米粉"，你可能会觉得这样的演讲又冗长又无聊，可这次直播效果却非常好，发布会结束后，不仅小米股价飙升，第二天，"小米10"手机就获得了单日单品销量、销售额双料冠军。

为什么用户会对小米产品这么热情？难道仅仅因为小米手机质量好、性价比高吗？

并不全是这个原因，一个更重要的原因在于小米一直在持续、稳定地给"米粉"提供"参与感"这样的情绪价值，如小米的"100个梦想的赞助商""红色星期二""橙色星期五"，以及各种线下活动、公司庆典等。而这些都属于产品为客户提供的除去功能、性能之外的附加价值。在新的消费时代，如果产品能够占领客户的情绪，也就占领了客户的钱包。同样的产品，你的质量更好；同样的质量，你的价格更优惠；同样的价格，你可以提供其他企业或产品提供不了的功能、体验、服务，客户自然就会选择跟你合作。

人在什么时候最容易做出购买决策？就是在情绪高涨的时候，因为情绪会让人失去客观的判断力；相反，没有情绪带动能力，客户没有激情，就不容易买单和成交。所以，在销售过程中，当你把产品功能、使用方法、交付分析等都做到位的时候，客户还不想下单，最大的可能就是你没有带动他的情绪。当然，客户不会表述出这种感受，只会不停地跟你说："我听懂了，但我还要考虑一下。"这时，一些销售人员就想"乘胜追击"，不断地催促客户："您还有哪些顾虑呢？您可以说出来，我再帮您分析一下。"结果，越分析，客户越冷静，就越做不了购买决定。

可是你会发现，当客户遇到另一个销售人员时，也许这个销售人员没有跟客户讲很多，但两个人都表现得很兴奋、很激动，最后客户甚至主动提出："我该怎么买单？产品什么时候可以交付给我们使用？"这种情况就是销售人员非常准确地找到了客户的情绪点，并且带动了客户的情绪，客户也会快速做出成交决定。

但问题在于绝大多数客户不会在第一时间告诉你，他的真实情绪和想法是什么。想要了解客户情绪，销售人员必须运用自己的真诚去打动客户和影响客户，让他们表露出情绪和想法。

那么，销售人员要怎样准确地找到客户的情绪点，并为客户提供情绪价值呢？

一、将你的产品或服务的投入产出比告知客户

客户想要购买一款产品或服务，首先考虑的是自己的投入产出比，也就是自己需要在其中投入多少钱、最终可以获得多少收益。如果他感觉你推荐给他的产品或服务满足了他的投入产出比，那么他很可能产生购买需求。

所以，在面对客户时，销售人员一定要把自己产品的功能、价值、能给客户带来的收益等详细地告知给对方，让客

户了解到你的产品投入产出比有多大，以及什么时候可以出现什么样的投入产出比。这一点也对销售人员提出了很高的要求，因为销售人员必须对自己的产品知识、产品功能以及产品附加值等了如指掌，这样才能更清楚、详细、客观地解释给客户听。

二、对客户体验感具有较高的敏感度

在与客户沟通过程中，销售人员不能只顾自己滔滔不绝地介绍，而是要随时关注客户的情绪变化，知道客户对你所推荐的产品或服务具有什么样的反应或反馈，甚至能够准确地洞悉客户某些表情、语言等所传达出来的真实意思。只有捕捉到客户的真实意思，才能为客户提供有效的解决方案。

喜欢健身的朋友对"超级猩猩"这个健身房应该不陌生。与其他健身房的销售人员天天催促客户办卡不同，"超级猩猩"不需要办卡，而是按次付费，并且工作人员不会打扰客户，上课与否都由客户自己决定，这就打消了客户想办卡又怕坚持不下来的顾虑，增加了客户黏性。同时，"超级猩猩"还可以全国跨店上课，只要你周围有店，你就可以随时进去健身。

但是，如果客户去一次体验感不好，不去了怎么办？

这就需要"超级猩猩"不断优化自己的服务，为客户提供情绪价值，让"客户需要我们"，而不是"我们需要客户"。

所以，"超级猩猩"的教练在课程中的角色定位不是陪练，更不是推销课程的人员，而是需要和客户一起完成一次次训练和表演。"超级猩猩"对教练的绩效评估也不是简单地以课时计算，客户满意度才是其中最为重要的指标。每个月，系统都会通过算法自动为教练排名，即使是课时相同的教练，每个月拿到的薪水也是完全不同甚至相差悬殊的。

对于客户来讲，如果他获得了超过自己预期的情绪价值，那么复购率就不成问题。客户信任一个销售人员或一家公司，就会感觉踏实和放心，相信这个销售人员或这家公司会说到做到，会把自己的利益放在心上；相反，如果客户不相信销售人员的承诺，也不相信产品或服务如宣传那样安全有效，自然不会下单购买。这是很显而易见的道理。

三、为客户树立对产品或服务的信心

想让客户购买你的产品或服务，销售人员还必须为客户树立对自己的产品或服务的信心，相信你为他提供的产品或服务可以达到甚至超过他所期望的价值，要是还能给客户带来意外惊喜，就更能提升客户的情绪价值了。当然，这个价值点不要额外增加太多成本，靠高成本支撑惊喜是不划算的。

比如说，你向客户推销保险，而客户刚好想为自己购买一份健康险，但客户不知道这份保险究竟能给他带来什么样

的价值,或者不确定这份保险是不是真的像推销人员说的功能那么强大、服务那么贴心,难免会产生顾虑。在销售活动中,客户的这种顾虑被称为销售卡点,这个卡点也是很多生意无法谈成的主要原因。如果销售人员此刻不能帮助客户消除顾虑,增加对保险产品或服务的信心,客户就不会痛快地签单。

但是,这时有很多销售人员可能无法理解客户的情绪需求,而是不停地询问客户:"您是不是觉得价格贵呢?""您是想再对比一下其他同类产品吗?"其实客户并没有这样想,他们更关心的是你的产品或售后服务是不是真的能与你承诺给他的保持一致。在这种情况下,只要销售人员对客户情绪有敏锐的洞察力,判断出客户的真实意思,同时给予客户充足的信心,并提出有效的解决方案,就能提升客户的情绪价值,客户也会心甘情愿地下单。

第二章

情绪价值：客户内心最高级的需求

营销大师特德·莱维特说过："没有商品这样东西。客户真正购买的不是商品，而是解决问题的办法。"每个客户在购买产品或服务时，都希望买到称心如意的"解决问题的办法"，而这个"办法"其实就是客户的内心需求。所以，真正高段位的销售并不是如何利用推销技巧把产品或服务卖给客户，而是善于为客户创造情绪价值，满足客户内心最高级的需求，让客户主动积极、心甘情愿地完成交易。

本章要点：

- 情绪价值包含三大主题，分别为开放性、理解性和独特性。销售人员要弄清情绪价值在销售中的意义和作用，继而有针对性地满足客户需求。
- 塑造客户情绪价值是一个渐进过程，首先接纳和包容客户的所有情绪，其次引导客户认识到产品或服务带给他的价值，最后通过调节客户情绪实现成交。
- 销售人员要善于通过销售行为为客户创造价值和传递价值，并让客户在看到产品或服务本身的价值之外，还能感知到更多的附加价值。
- 销售人员要善于把握和引导客户预期，让客户在合作过程中感受到被尊重、被关注、被认可，由此产生长久合作的欲望。
- 在交易过程中，客户购买的不是产品或服务，而是有效的解决方案。客户内心最高级的需求就是情绪价值。

01 情绪价值=情绪收益-情绪成本

销售人员应该都听过这样一句话：三流销售卖产品，二流销售卖服务，一流销售卖自己（如图2-1所示）。笔者刚进入销售这个行业时，并不理解这句话的含义，每次见客户都是极力推销产品，试图用语言说服客户购买，但往往收效甚微。后来笔者发现，一个好的销售首先要做的并不是如何完美地向客户介绍自己的产品，而是想办法让客户听你说话，如果客户连你的话都不听，怎么可能接纳你推销给他的产品呢？只有先让客户愿意听你说话，你才有机会把自己产品或服务的价值传递给对方。而最有效的方法就是说客户感兴趣的话题，比如说一些与客户利益相关的内容。只要你有在客户面前开口的机会，便有向客户推销产品或服务的可能。

```
                    ┌─── 三流销售卖产品
    销售的三个层次 ───┼─── 二流销售员卖服务
                    └─── 一流销售员卖自己
```

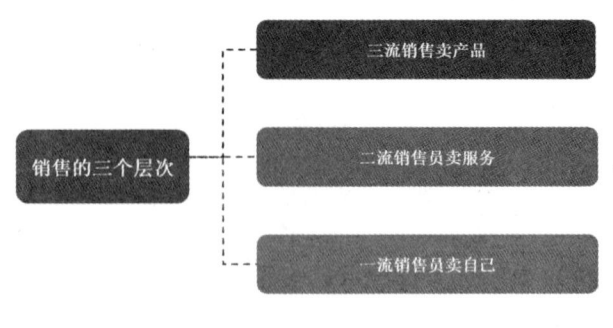

图 2-1

但是，开口向客户推销了，客户不见得就会买单，甚至成交一次也不意味着会成交第二次。你只有与客户建立一定的关系，取得客户的信任，客户才有可能复购，这时就要提到"服务"二字了。你把客户服务好了，才能获得对方的信任和好感，双方继续保持联系，甚至成为朋友。客户感觉在你这里消费安心、放心、舒心，才会实现二次交易甚至多次交易。

笔者在销售行业里"摸爬滚打"许多年后才慢慢意识到，比起以上两种销售方式，一流的销售往往是先"卖"自己，让自己获得客户的认可与信任，在双方建立了一定的关系后，再去谈交易。那时通常不需要你去刻意推销，就能与客户达成某种共识，实现成交。因为此时你已经为客户提供了充足的情绪价值，让客户感受到了你的真诚和可信赖，继而将这种信任感延伸到你的产品或服务上，达成交易。

所以，销售就是从卖产品、卖服务到"卖"自己、卖情绪。尤其当你为客户创造了积极的情绪价值后，成交就会变得越来越容易。

"情绪价值"这个词最早是由美国爱达荷大学商学院的 Jeffrey J.Bailey 教授于 2001 年提出的。Bailey 教授从客户与企业之间的关系营销视角出发，将情绪价值定义为客户感知的情绪收益与情绪成本之间的差值。其中，情绪收益就是客户积极的情绪体验，也就是在购买和使用你的产品或服务后感到满意、开心、幸福，有安全感，以后愿意继续跟你合作。相反，情绪成本就是客户消极的购物体验，也就是在购买和使用你的产品或服务后感到生气、伤心，甚至有被欺骗感，感觉自己上当受骗了，发誓以后绝不再跟你交易（如图 2-2 所示）。

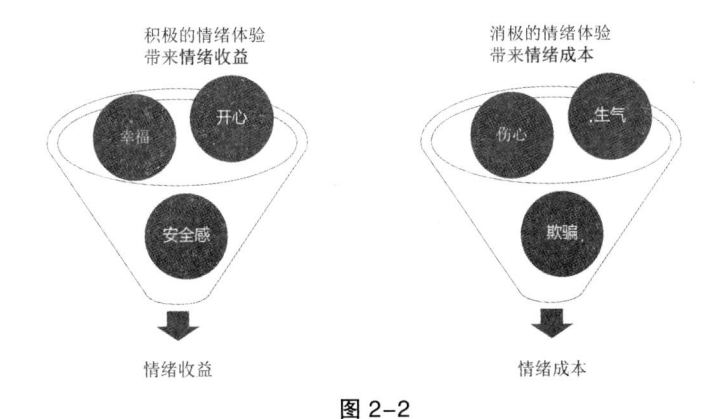

图 2-2

情绪价值与情绪收益、情绪成本之间有一个简单的公式关系：

情绪价值 = 情绪收益 - 情绪成本

哈佛大学曾对消费者的购买行为进行详细分析，结果表明：消费者在做购买决策时，有高达 84% 的购买决策是根据情感做出的，只有 16% 的购买决策是根据逻辑或理智做出的。由此可见，销售人员或企业应充分利用客户的情绪，从而实现成交。人本来就是一种情感复杂的动物，情绪对一个人所做的各种决定有着非常重要的影响。渴望被认可、被崇拜、被重视，获得更强的荣誉感和更高的地位，这些都是人的本能。在与客户沟通时，如果销售人员可以满足客户的这些情感需求，那么成交就不是一件很难的事。这也是笔者为什么一直强调情绪价值在销售中的重要性，因为它满足了客户真正的心理需求。比起你的产品或服务的价值，客户更愿意接受并喜欢你给他带来的积极的情绪价值。

举个最简单的例子，那些向老年人推销保健品的人为什么能把昂贵的保健品卖给一辈子都很节俭的老人？就因为他们陪老人话家常、聊情感，给大爷大妈揉揉背、捶捶背，比老人自己的孩子做得都好，这就是在满足老年人的情绪价值，给老年人带来了温暖、关心，然后顺带完成了自己的销售任务，一卖一个准！

从心理学角度来说，情绪价值包含三大主题，分别为开放性、理解性和独特性。而在销售过程中，这三个主题同样适用。

一、情绪价值的开放性

销售中情绪价值的开放性是指销售人员与客户之间应做到相互了解，彼此公开透明，而不是每个人都藏着自己的"小心思"，想着去算计对方。对于销售人员来说，要充分客观地向客户展示自己的产品或服务，如产品的实际性能、优缺点，以及服务的功能等，让客户充分了解自己所要购买的产品或服务的特点；同时，客户也要明确告知销售人员，自己对产品或服务有哪些需求，或者自己在使用过程中遇到了哪些问题、希望获得什么样的解决方案等。

很多人知道，我们"销售力专业研究院"就是一家专门为客户业绩提升提供"一揽子"解决方案的专业结构。在初次接触客户时，我们一定不会直接告诉客户可以为他提升多少业绩，而是先进行大量前期的调研和信息收集，包括匿名的调查问卷、一线销售人员访谈、销售管理人员访谈等，甚至会陪同客户的销售人员去拜访他们的客户，对他们的客户进行访谈，收集一手的员工和客户信息。

首先，我们会对客户公司的业绩目标进行拆解，帮助客户制定业绩目标，以及对销售人员的日常行为规范和提成制度会议制度等进行收集整理。

其次，我们依据客户对业绩的期望值制定出合理且有效的业绩提升方案。

在这个过程中，笔者会亲自与客户的关键决策人员和销售管理层演示具体的工作节奏，同时展示预期效果甚至细节，让客户非常确定我们的方案是有效的，是为客户的公司量身定制的。这样，我们才能消除与客户合作的各种不确定性，与客户达成初步的合作意向。通过这样的服务方式，我们也赢得了很多客户的信赖，让客户获得充分的情绪价值，从而提高客户意向度，加快成交速度。

可以说，情绪价值的开放性是销售人员与客户之间建立情感联结的第一步，而成交通常是建立在客户与销售人员彼此开放、彼此信赖的基础之上的。同时，只有在开放性的基础上，销售人员才能为客户提供较高的、积极的情绪价值。

二、情绪价值的理解性

客户在了解产品或服务阶段，经常会有各种各样的疑问，甚至会表现出对产品或服务的不信任、不认同，对销售人员表现出各种各样的防御心理。这是非常正常的现象。以笔者20多年的销售经验来说，几乎每一位客户一开始都会对销售有所防备，而造成这种情况的原因可能是多方面的，比如客户的选择太多，或产品卖点提炼不到位、不起眼，或者产品宣传不到位、包装太差，等等。

面对这种情况，销售人员要有充分的心理准备，而不是一上来就否定客户的想法，甚至认为客户的想法是奇怪的、没有理由的。这是不可取的，对销售成交没有丝毫帮助。相反，我们要站在客户的角度，努力去理解客户的想法和顾虑，理解客户急于解决问题的心理，主动积极地维护好客情关系，这也是做好沟通、为客户提供情绪价值最重要的一步。

与此同时，客户也要理解销售人员，也许某些销售人员对产品或服务介绍不是很到位，服务不是很周到，但客户应该相信，销售人员一定是希望服务好每一位客户，希望带给客户积极的情绪价值的。只有双方抱着彼此尊重、彼此理解的态度去沟通，才有可能实现双方都满意的成交。

三、情绪价值的独特性

情绪价值的独特性是指每一位客户与每一个销售人员的关注点都是不同的，而双方想要达成共识，就要抱着包容和接纳的态度去沟通，允许对方有不同的想法或观点。如果销售人员想与客户的关系更进一步，也可以在了解客户的意愿或想法后，将这些意愿或想法通过一定的话术表述出来，引导客户向着自己期望的方向思考，并争取让客户给出肯定的回答。比如：

"好的，王经理，通过刚才的交流，我发现您的企业近期确实有线上店铺的推广计划，但您比较担心的是引流客户的精准性问题。如果我们能够保证客户的进店转化率达到70%以上，您就愿意跟我们合作，对吗？"

"好的，王经理，现在我已经基本了解您的要求了。您对我们的产品还是比较满意的，就是在价格上还有些顾虑。如果我们能在价格上再优惠两个点，咱们就可以直接签约，对吗？"

虽然沟通中客户和销售人员都可以有自己的观点和看法，但客户总是更容易接受与自己一致的看法和态度，与此同时，也会马上与自己看法和态度不一致的人进行争论，这是正常的反应。尤其当你觉察到客户对某件事或某个方案有不同看法甚至抵触情绪时，千万不要让客户直接把想法说出来。因为一旦说出来，他就会不断通过语言和行为强化自己的观点，而如果你反驳他的观点，就容易导致关系破裂。

所以，一流的销售人员会先接纳客户的不同观点，在赞同对方观点的基础之上,巧妙地控制谈话内容,于无形之中消除客户的抵触情绪,让客户认为你一直是认同他的,从而让客户产生积极的情绪价值,有效推进交易的进行。

02 从接受到引导再到控制：情绪价值的三个渐进阶段

几乎所有销售人员都会面临一个热门问题，那就是"如何逼单"。很多时候，销售人员甚至不得不面对拼命逼单的场景，结果还不一定成功。

为什么会出现这种状况？

究其原因，其实是销售人员没有控制好局面，缺乏对客户情绪和行为的影响力。或者再深入一些说，销售人员对客户行为并没有太认真地研究过，对产品或服务也缺乏深刻了解，销售过程中又一直以自我为中心，只希望通过自己的"三寸不烂之舌"说服客户，完成签单，实际上这只会事与愿违。

古人曾经说过："善战者无赫赫之功。"大意是说，善于做战略谋划的人，即使没有显赫的功绩，也能取得战争的胜利。这句话放在销售当中，就是在提醒销售人员，面对客户时，并不是你能说会道就一定能签单成功，而是要靠自己的语言引导客户的思维和情绪，把自己的产品或服务与客户的需求相匹配，让客户看到你的产品或服务带给他的利益和价值，这样才能影响客户，给客户带来积极的情绪价值，继而"控制"客户，让客户按照你说的去做。你不会引导，只想说服，那多半不会成功。即使偶尔成功一次，也很难与客户建立长期的合作关系。

举个例子，一位汽车检测机构的销售人员接到一个生产汽车发动机的客户订单，这个客户想要检测自己公司生产的发动机组装是否合格。销售人员在跟客户沟通几次后，就告诉客户说："我先跟您说一下为您准备的 A 方案，……不过，考虑到该方案的检测时间较长，而贵公司需要检测的发动机数量较多，生产任务重，虽然这个方案在技术上能满足您的需求，却不利于您的工作效率。"

客户听到这些，使劲摇摇头，说："这肯定是不行的，我们的时间要求很紧迫。"

接着，销售人员又说："其实我们也考虑了这个问题，所以又对 A 方案进行优化，提出了 B 方案……B 方案既能满足技术上的要求，检测效率也明显提高，但也存在一些问题，比如检测成本会比 A 方案高出很多，可能会增加您的预算。"

客户听完后，仍然摇摇头，说："费用预算这方面，我们不能再增加了。"

最后，销售人员又说："您的这个顾虑我们也很理解，所以我们又花费了很多时间，希望能为您提供一个不但能提高检测效率，还不会增加您的检测预算的方案。经过多次商讨，我们终于出炉了 C 方案，希望这套方案能对您有所帮助……"

客户听完 C 方案后，确实没有超出自己的预算，也达到了技术方面的需求，感到很满意。更重要的是，销售人员把自己的思考与评估过程都告知客户，让客户感觉销售人员一直站在他的角度替他考虑问题，理性的提案中充满了对客户的关怀。所以，这就是一份很有"温度"的提案，客户的积极情绪一定会被调动起来，成交也会成为一件水到渠成的事。

但是，如果销售人员一开始就把 C 方案拿出来，那么对于客户来说，他认为你就是想用这个方案赚他的钱，他感受不到你对他的"关怀"，也看不到你为他提供的情绪价值。这时，客户的情绪与销售人员就是对立的，客户也是没有安全感的，甚至内心会想："他会不会欺骗我？这个方案值我的报价吗？"客户有了这种心理，成交就没那么容易了。

实际上，在销售过程中，客户最关心的就是你的产品或服务能给他带来哪些好处或价值。如果这些好处或价值是你的竞争对手无法提供的，那就更完美了，这也是销售人员的核心竞争力。因此，销售人员在面对客户时，既能接纳客户的情绪反应，又能不断引导客户思维，消除客户的防范和抵触心理，最终达成交易。这是塑造客户情绪价值的一个渐进过程，具体来说，它可以分为以下三步：

一、接纳和包容客户的所有情绪

销售人员几乎每天都要跟各种各样的客户打交道，从中会发现，不同客户有着不同的特点、要求、表现等。比如，有的客户很挑剔，一上来就对你的产品或服务批评一通，并且态度强硬，希望销售人员能解决他们所有的问题；有的客户很犹豫，生怕自己考虑不周，出现差错，希望有人能给他们当参考；有的客户很无礼，对产品或服务指手画脚，并希望有人夸赞他、恭维他；还有的客户防范心理很强，不管你怎么向他介绍产品或服务，他都会回答："我暂时没有这方面需要。"

面对这些客户，销售人员该怎么办？

其实，客户在向销售人员反映这些问题时，说明客户对你的推销是存在一定的对抗心理或不安全感的。他们内心不会认为你的产品或服务能为他们带来什么价值、解决什么问题，反而认为你是想把产品或服务卖给他们，赚他们的钱。

所以，此时你越是反驳客户的挑剔、犹豫、无礼、防范心理等，就越会让客户感到不满意、不安全。

所以，聪明的销售人员此时不是去反驳客户，或极力说服客户接受自己的观点，而是先弄清楚客户的这些情绪反应是理性的还是感性的？是纠结产品的性价比还是对销售个人的表达方式有顾虑？总之，要先包容和接纳客户提出的意见和情绪反应，再去深挖客户产生这些感性情绪的原因是什么。

二、引导客户认识到产品或服务带给他的价值

从沟通的技巧上说，每个人都希望自己的顾虑、需求、情绪等被别人听到、看到、感受到，所以当你表现出对客户情绪、意见的包容和接纳后，客户就会觉得你是理解他、站在他的角度思考问题的，故而会对你放下戒心，愿意听你来帮他们分析问题，寻找解决方案。

这时，你就可以针对客户的疑虑，对自己的产品或服务进行介绍和描述了。在这个过程中，一定要先讲你的产品或服务的特点，之后重点介绍产品或服务的优势，也就是能为客户带来什么样的利益、创造什么样的价值。最后，通过一些具体证据证明自己的观点，让客户知道你不是在"王婆卖瓜，自卖自夸"，你的产品或服务是有权威证明的，以此获得客户的信任，为最终的成交做好铺垫。这个过程其实就是一

个重要的成交法则——FABE 法则（如图 2-3 所示）。

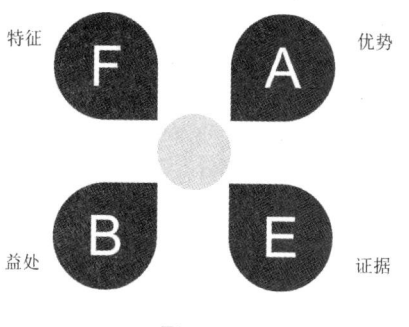

特征 F　　优势 A
益处 B　　证据 E

图 2-3

FABE 法则是由台湾中兴大学商学院院长郭昆漠博士总结的一个典型的利益推销法，其通过对产品特征（Features）、优势（Advantages）、益处（Benefits）以及证据（Evidence）四个重要环节的展示，巧妙地解决客户在购物过程中最为关心的四个问题，将最符合客户要求和期望的产品利益充分展现在客户面前，最终成功将其转化为客户的购买动机，促使客户下单。

实际上，FABE 成交法则就是一个循序渐进地对客户进行引导消费的过程。在这个过程中，销售人员要通过各个环节一步步向客户传达一个信息——我们的产品是最适合你的。如果用一套话术来总结 FABE 的用法的话，就是："我们的这款产品具备……特点，拥有……的优势，能够给客户带来……好处，还有……证明，加上我们公司是业内……现在我们推出一个优惠政策，所以，现在购买就是您最佳的选择。"这样的产品介绍既有专业性和科学性，又通俗易懂，更重要的是，你和客户站在了一条战线上，在帮助客户解决问题，为客户提供解决问题的方案，因此很容易实现产品的销售诉求。

三、通过调节客户情绪实现成交

当客户认识到你所推荐的产品或服务带给他的价值后，其实他的心理天平已经开始向你倾斜了。接下来，你只需要调节好客户的情绪，让客户在与你的沟通中享受到愉悦的感觉，他就会对与你的沟通产生信任，继而对你所推荐的产品或服务产生信赖，最终愉快地下单。

举个例子，笔者有一位朋友，在一个发动机制造厂做销售经理。有一次，他接触到一个大客户，为了争取这个大客户，他努力了一年多，终于说服对方购买了他们公司的发动机。

但是，这个客户第一次只订购了十几台发动机，这不但与笔者朋友的期望相差很远，与这位客户的实际需求也相差很远。于是，笔者朋友就给这个客户打电话，客户接通电话后，很不耐烦地拒绝了，理由是你们厂的发动机太热，我的手都不敢往上放。

笔者朋友挂了电话仔细一想，觉得这就是个托词，因为发动机在工作时，人不可能总是把手直接放在上面。但是，你又不能直接跟客户说，你在强词夺理，这样生意会一下子就中断了。

于是，朋友又给这个客户打电话，说："您说得很对，不过我们发动机的热度并没超过行业标准，这点您肯定也认可。"客户回答"是"。朋友接着说："按国家规定，发动机可以比室内温度高出22摄氏度，您是这方面的行家了，肯定也知道。"客户一听朋友说他是"行家"，自然不好否认，又回答说"是"。朋友又问："那您车间里的温度有多高呢？"客户说大约24摄氏度，朋友说："那我算一算，如果车间温度是24摄氏度，再加上22摄氏度，那就是46摄氏度，温度接近50摄氏度。我相信，任何人把手放在50摄氏度的物体上都会感觉很烫。"客户又回答"是的"。这时，我朋友就笑着说："那我要提醒，您李先生，最好别把手放在发动机上，免得烫伤了。"

结果说到这里，客户一下子笑了，双方的沟通氛围也变得轻松了很多，后面的沟通一直都很愉快。最终，这位客户又在笔者朋友的公司订购了100多台发动机。

你看，客户有时之所以不愿意成交，并不是因为你的产品或服务真的不好，而是他没有体验到你的产品或服务给他带来的积极的情绪价值。很多时候，客户的情绪价值一旦获得满足，他们对产品或服务性能的价值在意程度就会弱化，甚至全部转化为情绪价值。销售人员善于调节客户的情绪，一路支持客户的想法和观点，为客户创造积极的情绪价值，就能帮助客户走出情绪洼地，与客户间的交易也会顺理成章。

03 销售行为是一种价值传递行为

每一家企业、每一个岗位、每一位销售不管在什么行业，存在的原因都只有一个，就是为客户创造价值。如果能成功地为客户创造价值，这个企业就能创造出一群忠实的客户。同样，如果这个销售人员可以比竞争对手为客户创造更多的价值，他就可以赢得更多高价值的订单。

虽然我们现在常常强调"增值"，但大部分销售人员所谓的为客户提供价值、创造价值都是简单地从产品和服务中提供。实际上，越来越多客户的目光已经逐渐从产品、服务本身向其之外的附加价值转移了。或者说，只有找不到产品和服务之外的附加价值时，客户才不得不去比较产品和服务的价值，而这些比较又会导致价格的比较。一旦发现有比你提供的价格更低的产品或服务，客户立刻就会跑单。

所以，销售行为的目的不仅是获取更多的客户，还要通过有效的方式留住客户。而其中最有效的方式就是通过销售行为尽可能地为客户创造价值和传递价值,并让客户在看到产品或服务本身的价值之外,还能感知到更多的附加价值。这两种价值是完全不同的,通常来说,前一种价值被称为理性价值,后一种价值被称为感知价值。

一、理性价值

理性价值就是产品或服务本身能够为客户提供的价值,也就是产品或服务的功能价值。这一点最容易理解,也是最难差异化的,早期的专业销售方法论几乎是靠强调产品或服务的功能价值来获取订单。比如,客户要买一支钢笔,而你想把这支钢笔卖给客户,那么你就要向客户展示钢笔的特性、功能、优势等,如携带方便、储墨量多、书写流畅、使用寿命长,等等。但是,一支普通钢笔能为客户带来的功能价值或者说理性价值也仅限于此,即使你绞尽脑汁,也难以挖掘出更大的价值。

举个例子,这也是一个真实 SaaS 销售案例。一天,一位销售员被分配到一条客户线索,客户画像信息非常清晰、完整,销售员立刻联系了客户。由于前面已经有线索拓展同事进行了铺垫,所以这个销售员很容易地就见到了客户。

等这位销售员如约到达客户公司后,发现除自己以外,客户还约了其他几家友商。交流开始后,这位销售员详细地把自己公司的产品从头到尾演示了一遍,客户又问了几个问题,销售员也都一一给出了解答,沟通进行得很顺利。最后,客户表示,下周他会再邀请几个业务层面的同事参加,一起再沟通一遍,并请这位销售人员也来参加。

一周后,这位销售人员再次如约来到客户公司,又演示了一遍产品,客户还要求销售员给出最终报价,并请他回公司等消息。

这位销售员觉得,这一单自己是彻底拿下了,哪知回去后迟迟等不到客户的签约通知。于是,他就给客户打了个电话,结果被告知,其他公司比他的报价更低,客户已经与其中一家报价最低的供货公司签约了。

你觉得,这位销售员为什么没能拿下这个订单呢?真的是因为竞争对手的报价低吗?

笔者认为,很多销售人员都会这么想,认为客户考虑到价格因素,选择了更便宜的产品,其实这只是表象。对于客户来说,确实可能会选择"质同价优"的产品,但问题是你的产品与竞争对手的产品质量真的相同吗?这一点在产品层面上是无解的。

从价值层面上考虑,SaaS 的价值可以表现在三个层面上,第一个就是产品价值,也就是我们说的理性价值或功能价值,但除此之外，还有两个更重要层面上的价值，一个是解决方案价值，另一个是绩效价值。

在上面的案例中，销售员只强调了产品的功能价值，却忽略了解决方案价值与绩效价值，而这两层价值恰恰是最能体现 SaaS 价值的重要维度。他没能传递出这两层对客户来说更重要的价值，也就让客户的感知价值较低。相比之下，竞争对手应该是很好地向客户传递了这两层价值，因此抢走订单也就不奇怪了。

由此可以看出，销售行为不仅要向客户传递理性价值，更要传递出感知价值，在很多时候，感知价值对客户做决策的影响更大。

二、感知价值

什么是感知价值？

简单来说，就是客户在购买产品或服务的过程中，对某企业提供的产品或服务所能感觉到的价值。其实它是一种让渡价值，也就是客户购买产品或服务所获得的总价值，与客户为购买该产品或服务所付出的总成本之间的差值。

比如说，客户买一支普通的钢笔所能获得的总价值就是书写流畅、携带方便等，当然，客户购买这支钢笔所付出的总成本也不高，可能几十块钱就搞定了，获得的感知价值同样不高,因为知道这支笔只有这么大的价值。

可是,如果客户购买的是一支万宝龙钢笔,为之付出的总成本可能需要几千块钱,表面上看似乎不值,但客户用这支笔在公共场合书写时,就会赢得别人的关注和尊重,因为这是一种成功人士与尊贵身份的象征。在这种情况下,这支钢笔为客户带来的感知价值就不仅是书写那么简单了,而是一种彰显身份与地位的道具,客户也因此获得了被关注、被尊重的满足感。

所以,这也是那些看起来很普通的奢侈品卖那么贵却依然有人愿意买单的主要原因——它们为客户带来更大的感知价值,而不是理性价值。明白了这个道理,我们在销售过程中就要注意,在向客户推销产品时,除了详细地介绍产品的性能、特性、优势等,千万别忘了向客户传递产品或服务的价值感,要让客户感知到你所提供的产品或服务物超所值。相比于购买便宜的产品,客户往往更希望买到性价比高、能够感知到价值的产品。

04 情绪价值是感知价值最核心的组成部分

有一次，笔者跟一位朋友聊天，朋友给笔者讲了件有趣的事。他家门前有个水果店，店老板人很好，生意也不错。一天，店老板家里有事，就把水果店关门了半天，还在门上贴了个告示，表示自己下午回来再开门。结果等他下午回来时，发现店门口有好些顾客在等他开门买水果，他很奇怪，就跟大家说，我这儿上午没开门，你们想买水果可以先去旁边100米远的超市买，这么浪费时间在这里等我，怪不好意思的！

朋友问笔者："你猜猜那些等候的顾客会怎么说？"笔者说，大家肯定觉得他那里的水果更新鲜、更便宜吧！朋友说："这只是一方面，更重要的是，大家觉得老板服务热情，愿意为顾客着想，就跟家人一样。"并且朋友还告诉笔者，他太太经常光顾这家水果店。

这件小事给了笔者一个启发：为什么卖同一款产品，有的企业和销售人员赚得盆满钵满，有的企业却做不了多久就倒闭，或者销售人员干不了多久就被淘汰了呢？大家都知道让利促销，有的企业甚至亏欠消化库存，更严重的还会给客户送礼，但客户却不买账。

笔者认为，其中一个重要原因是企业经营者或销售人员没有弄懂开价值与价值感的差别。价值是什么？是这件产品客观上值多少钱，比如你买一支钢笔20元钱，买一个包包100元钱，这就是产品的价值。而价值感是客户能够感知到的价值，比如一支万宝龙钢笔上千元，一个路易·威登包包上万元，但只要顾客感觉它值，觉得它可以带来自己所需要的价值，如被关注、被尊重、被羡慕、被认可等，那么他就愿意花钱购买，而不去考虑这件产品的功能价值是多少。如果你的产品虽然很实惠，但客户感知不到它的价值，那么也一样不会购买。

所以，企业或销售人员想要让客户心甘情愿地跟你签单，在推销产品时，就一定要让客户感知到产品的价值。如果你为客户提供的产品或服务的感知价值达到或超过客户的预期，客户就会感到满意甚至非常满意，情绪价值也会随之提高。而客户的情绪价值越高，就越容易做出购买决策或采取购买行为。

举个例子，现在有很多举办付费培训的机构，举办一次培训活动的收费可能是几万元乃至十几万元，很多人感觉很贵。但是，如果该机构把培训地点选在一个城市中地段最好、价格最高的酒店，并且提供三餐食宿，客户就会感觉物超所值。这时，客户的情绪价值就会提升，他们会觉得这样的培训活动很高端，请的讲师也一定都是行业大咖，能让自己收获颇多。更重要的是，在如此高端的酒店，参加有诸多行业大咖来讲课的培训，会使自己显得很有身份。当客户的情绪价值被调动起来后，他们的感知价值自然会提升，接下来可能不需要你多加介绍，他们就会踊跃报名付费，参加培训。

从这个案例我们可以看出，在很多时候，要让客户感知到价值，关键在于先提升客户的情绪价值。情绪价值是感知价值最核心的组成部分，客户获得了积极的情绪价值后，即使你的产品或服务卖得再贵，他们也觉得物超所值，争相给你付费。

那么，企业或销售人员要怎样才能通过情绪价值来提升客户的感知价值呢？

笔者认为，我们可以从以下几方面入手：

一、准确把握客户的预期

通常来说，客户预期与客户的情绪价值是影响客户购买决策的主要因素。如果企业或销售人员能准确地把握客户的预期，并有效提升客户的情绪价值，让客户的感知价值得以提升，成交也会变得很容易。相反，如果你的产品或服务没有达到客户预期，客户就会不满意，情绪价值降低，能够感知到的价值自然不会高，签单就会变得很难。

当然，要准确把握客户预期，就需要销售人员前期通过市场调查了解客户当前对企业提供的产品和服务有哪些预期，或者遇到了哪些急需解决的问题，之后通过宣传沟通，说明自己的产品或服务能在哪些方面满足客户预期，强调自己比竞争对手的服务、价值等在哪些方面有更优越的表现，从而使自己的产品或服务尽可能地符合客户的预期。

二、引导客户的预期

了解客户预期后，我们在推销产品或服务时就要尽可能地去满足客户的预期。但这时也要注意，如果客户预期过高，一旦我们提供的产品或服务为客户创造的情绪价值没有达到客户预期，那么客户的感知价值仍然会降低，客户也会感到失望，出现不满情绪。同样，如果客户预期过低，我们为他提供的产品或服务价值过高，客户可能会觉得太贵，跑去找我们的竞争对手合作了。所以，客户的预期过高或过低都不行，我们必须对客户预期进行引导。

首先，企业或销售人员可以从一些细节做起，努力让客户获得美好的体验，从小事上提升客户的情绪价值，让客户感觉选择你的产品或服务很贴心、很温暖。久而久之，我们就能让客户获得积极的、正面的情绪价值，从而让客户对企业的产品或服务形成良好的预期。

其次，企业或销售人员也可以通过恰当的承诺或宣传来引导客户的预期。比如，唯品会的宣传口号是"品牌特卖，100%正品"，强调低价与正品。但如果你的承诺或宣传过度，客户预期就会被凭空抬高，一旦客户发现产品或服务未能达到自己的高预期，便会感觉失望和不满。所以，我们要根据自己的实力向客户承诺和宣传，并且只承诺和宣传自己能做到的，不过度宣传和承诺，更不能欺骗、"忽悠"客户。当你的承诺和宣传在客户那里实现了之后，客户就会对你产生信任，甚至觉得你的产品或服务超出了他的预期，这时客户的情绪价值就会提升，甚至会产生"物超所值"的感觉。

比如，日本美津浓公司生产和销售的运动内衣，包装袋里都会附带着一张纸条，上面写着：本品采用的是最优染料和最优技术，但遗憾的是，茶色的染色还没有达到完全不褪色的程度，可能会稍微褪色。

在许多同行看来，美津浓公司的这种行为无异于在"露丑"，是在扼杀自己的生命，然而事实却出乎他们的意料，美津浓非但没"死"，产品还深受消费者喜爱。原因就在于这种诚实的态度赢得了消费者的信赖和好感，让消费者觉得美津浓公司是对消费者负责的，是为消费者着想的，这种积极的情绪价值也促使他们更愿意选择美津浓公司的产品。而由于原本对美津浓产品预期值不高，所以一旦发现运动服饰的褪色并不明显，客户反而会产生"超值"的感觉。

此外，良好的企业文化、企业制度、企业规则、售后服务，以及产品富有特色的价格、包装等都会让客户形成良好的预期。比如，你想让客户对产品或服务形成较高预期，就要通过精美豪华的包装、高档奢华的装修、现代化的设施与装备、服务人员文明礼貌的举止等来提升客户的情绪价值，让客户感觉在你这里购买产品或享受服务是值得的。这种感知价值提升了，成交才会更加容易。

总而言之，善于把握和引导客户的预期，就能更好地带给客户情绪价值，让客户感知到与你合作可以被尊重、被关注、被认可，内心需求被满足，由此更愿意与你建立长久的合作。你只需要记住，不论在什么时候、什么情况下，客户愿意成交都是因为"感知价值"，而不仅是因为"功能价值"。

05 销售行为是针对客户需求的解决方案

在销售过程中，客户什么时候最愿意让你赚他们的钱？就是当你能够帮他们省钱或挣钱的时候。如果你的销售方案能帮他们解决这个问题，那么你就比一般的销售人员更容易拿下订单，因为后者只想赚客户的钱，而你是在帮客户赚钱的过程中赚了客户的钱，彼此实现了双赢。

从个人销售行为的层面来说，销售并不是你把产品或服务卖给客户就可以了，还要有效地诊断客户的问题和需求，然后为客户提供有针对性的产品、服务资源与支持，帮助客户解决困难，达成目标。而从企业经营行为的层面来说，销售就是与客户深度合作，搭建解决方案的平台，发现客户的价值需求，据此为客户提供相应的产品或服务等，进而以客户价值为核心，进行服务营销。

不论是从个人层面，还是从企业层面，我们都可以看到，销售的共性都是要发现和解决客户的需求，以客户需求为导向进行销售。然而，现实中却没有多少企业能真正地识别和把握客户不断变化的需求，或者说，客户需求的多样性、多变性、隐藏性、复杂性使企业和销售人员难以驾驭。很多时候，企业或销售人员感觉自己已经知道了客户需求，实际上可能与客户的真实需求相差十万八千里。

那么，我们怎样才能准确抓住客户需求，继而针对客户需求进行销售呢？

按照马斯洛的需求层次理论，人的需求可以分为五个层次，分别为生理需求、安全需求、社交需求、尊重需求和自我实现需求（如图 2-4 所示）。

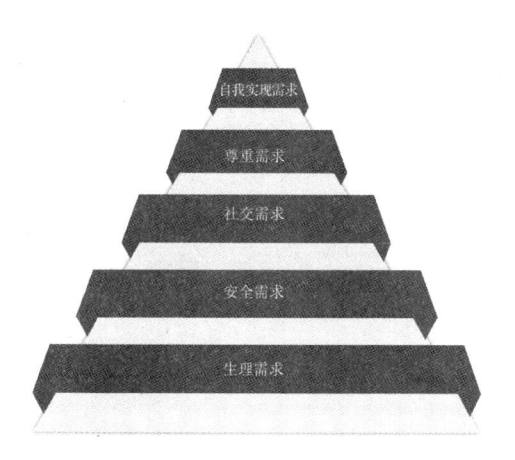

图 2-4

举个最简单的例子，我们要买一辆车，从五个层次来说：

第一，这辆车是一个代步工具，买车后，我们上下班就不用挤公交、挤地铁了。这就是生理需求。

第二，买车后，我们在刮风下雨的天气出门，不用再担心被风吹雨淋了。这就是安全需求。

第三，买车后，再跟朋友、同事一起出门、聚餐等，就会更加方便，大家可以有一些共同话题；或者参加一些车友会，还能认识更多的朋友。这就是社交需求。

第四，如果买的车比较高档，那么在跟周围人打交道时，周围人会向你投来赞赏、羡慕的目光："哇，你买了一辆奔驰车呀！真有钱啊！""这车坐起来真舒服，你的眼光和品位真不错！"这些话语会立刻让我们产生被重视、被尊重的感觉。这就是尊重需求。

第五，我们买了一辆好车，可能不是为了炫耀、给别人看，而是觉得以自己当前的年纪、身份、地位等应该拥有一辆好车。这就是自我实现的需求。

以上就是一种典型的需求场景。

回到销售行为当中，客户在选购一款产品或服务时，同样存在以上五个层次的需求，并且越是低层次的需求越容易满足，越是高层次的需求越不容易满足；越是低层次的需求越容易外显，也越容易被发现，越是高层次的需求越不容易外显，也越不容易被发现。但是，越是低层次的需求就越容易改变，而越是高层次的需求就越稳定。

了解了这些特性，销售人员在推销产品或服务时，就要先弄清楚客户的真实需求，这样才能有针对性地为客户提供解决方案，赢得客户的信赖和好感。

比如，有一家专门生产空气清新剂的企业向非洲市场推出了一批液体空气清新剂，不但价格便宜，气味芳香，而且香味维持的时间比较长。但奇怪的是，这款空气清新剂在非洲市场卖得并不好。

于是，企业又向非洲市场投放了一批瓶装喷雾式的空气清新剂，这款空气清新剂的特性与上一批正好相反，不但维持时间短，价格还比较贵。但一经推向市场，卖得十分火爆。

问题出在哪里呢？

后来销售人员经过市场调研后发现，使用空气清新剂的一般是女性，并且她们喜欢在打扫完房间后，向房间内按下清新剂的瓶盖进行喷洒。而每次按下瓶盖时，她们都会有一种特别的成就感和仪式感，甚至会有掌控一切的感觉。为了这种美好的感觉，多花一点钱购买她们也愿意。这就是第二款空气清新剂比第一款卖得好的根本原因。

空气清新剂的主要功能就是让空气清新，从理性价值方面来说，价格便宜、气味芳香、香味持续时间久是客户购买时主要考虑的因素，这些就是在满足客户的生理需求和安全需求。但为什么液体空气清新剂卖不动呢？原因就在于仪式感和掌控感可以为客户提供积极的情绪价值，满足客户的尊重需求。而越是高层次的需求越是隐性的，也越容易打动客户，影响客户的购买决策。

销售行为就是要针对客户的不同需求给出不同的解决方案，而客户需求恰恰可以对应马斯洛需求层次理论中的五个需求，这五种需求分别为产品需求、服务需求、体验需求、关系需求与增值需求（如图 2-5 所示）。

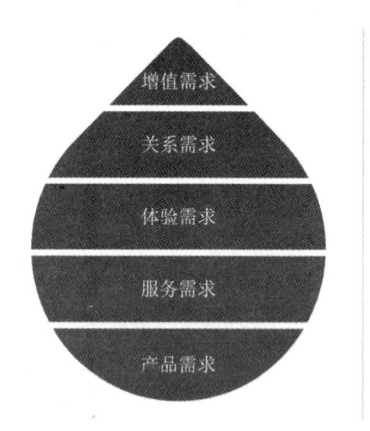

需求层次	对应内容
增值需求	客户价值增值
关系需求	人际关系 / 商业关系
体验需求	样品 / 广告 / 推广 / 促销
服务需求	培训 / 安装 / 售前服务 / 售后服务 / 软件服务
产品需求	用途 / 功能 / 技术参数 / 规格 / 外观

图 2-5

一、产品需求

马斯洛理论中的第一层需求——生理需求是人类最基本的需求,所对应的就是客户对产品直接价值的需求,包括产品的作用、性能、质量、价格等。不难理解,客户一定喜欢性价比高的产品或服务,并且认为这也是产品或服务最基本的需求。那些购买力较弱的客户通常仍然以产品质量和价格作为购买的主要依据,谁能为自己提供性价比更高的产品,就跟谁合作。

二、服务需求

根据马斯洛的需求层次理论,人在满足了最基本的生理需求后,接下来就会追求安全需求,如人身安全、资源所有权等。同样,在销售过程中,当产品或服务满足了客户的基本需求后,客户便不仅满足产品或服务本身所带来的价值,而是更希望获得完美的售后服务,精确、及时的技术支持,以及更加有针对性的解决方案等,这些都属于服务需求。

以前在我们销售铁军的团队中,有个物流专业毕业的小伙子,刚加入销售团队时,他不知道怎么跟客户传递产品价值,也不知道怎么挖掘客户需求,业绩一直很平缓。有一次,公司提供了一个参加高新技术成果交易会的机会,他就特意跟进了两周,在那期间接触到很多不同的客户。但因为缺乏经验,在跟客户沟通时,他经常会被客户用各种理由拒绝,弄得很是失落。

最后一天,当他准备放弃时,遇到了一个做系统集成射频技术的客户。这个客户要找本地的物流,仓储企业客户就把系统工具卖给了客户,客户便据此提出了很多问题,有专业性很强的,有比较尖酸刻薄的,更有一些其他客户不会涉及的问题,不少销售人员都答不上来。而这个小伙子学的本专业就是物流,于是他就凭着自己原有的物流行业知识,给出了客户很专业的回答,最后跟客户敲定了合作。

后来这个小伙子告诉我,客户在跟他签合同时,问他:"你知道我为什么在你这里下单吗?"他摇摇头表示不知道,客户说:"我找了很多家,你是唯一一个对我们行业足够了解的,是你的专业和真诚打动了我。"

这个案例说明,当客户的关注点不仅是产品和服务的基本功能时,他们就更希望获得更专业的解决方案。而这个小伙子恰恰满足了客户的这个需求点,所以成交也就水到渠成了。

三、体验需求

不管是马斯洛的需求理论,还是客户的真实需求,情感上的需求往往比生理上的需求要求得更加细致。对于客户来说，他们并不愿意被动地接受企业或服务商的广告宣传，而是更希望能亲身对产品或服务体验一番。当然，客户为了购买到更符合自身需求的产品或服务，也愿意为这种体验付出成本。如果你能让客户的每一次体验都感觉愉快、富有成就感，与客户的期望相符，甚至超越客户的预期，那么客户的情绪价值就会随之提升，后面的成交也会变得更容易。

四、关系需求

马斯洛需求的第四层为尊重需求，相对于这一层需求，客户在购买到称心如意的产品、享受到舒适满意的服务、获得了愉快的体验的基础之上，如果还能与销售人员成为彼此信任的朋友，建立和谐友好的关系，那就更完美了。

能够满足客户的关系需求其实就是满足了他们的情绪价值需求，客户不但会在这个过程中获得产品、服务、资源、技术，还能获得信任、尊重、关心、理解，等等。这些都会为客户提供积极的情绪价值，满足他们的感知价值。

所以，为什么很多客户愿意与熟悉的服务商保持长期合作关系，而不愿意与一个可能产品、服务等更优质的新的服务商接触？一个根本原因就在于客户的关系需求在其中起着重要作用。

五、成就需求

每一位客户都希望有所成就，这也是客户最高级的需求，客户购买任何产品、享受任何服务都是为了有所成就。作为企业和销售人员，我们在与客户打交道时，不但要看到客户对产品、服务的需求，更关键的是能够识别和把握客户内在的、高层次的需求。否则，我们就很难与客户建立长久的合作关系。

不管客户处于哪个行业、购买能力如何，他们都存在着上述层次的需求。销售人员能够准确地识别客户不同层次的需求，继而为客户提供有针对性的产品或服务解决方案，就能为客户带来积极的情绪价值，促使客户做出购买决策。

06 情绪价值是客户内心最高级的需求

根据马斯洛需求层次理论，人的最高级需求就是自我实现的需求，所以在销售过程中，被关注、被尊重、被认可，以及获得身份感、荣誉感等就是提高客户情绪价值、驱动客户行为的最有效手段。

真正的销售不是一锤子买卖，想要长久地维护客情关系，把短期客户变成终身客户，企业就要不断挖掘和满足客户更高层次的需求，因为越高层次的需求越稳定，也就越容易留住客户。而要满足客户更高层次的需求，一个最有效的方法就是持续地为客户提供积极、正向的情绪价值，让客户感觉跟你合作很开心、很愉快，客户可以从你这里得到关注、尊重、欣赏，甚至可以体现出自己的优越感，满足其自我价值实现的需求。如果客户能持续地保持这种情绪，他们便更容易做出购买决策，采取购买行为。反之，客户就可能会为难你、找你麻烦，不愿意与你签单。

其实在很多时候，你感觉客户难缠，并不是他们真的对你的产品或服务不满意，很可能是想要在你这里表现出自我的优越感和自我价值感。如果你无法让客户产生这种感觉，甚至打压客户想要表现自己的想法，让客户感到不爽，他为什么还要选择跟你合作呢？

当然，要提升客户情绪价值，满足客户内心的高级需求也不是说说而已，我们必须有相应的策略。

一、捕捉客户需求的信息

一个朋友给笔者讲了这样一件事：他跟太太在买第一辆车时，原本是计划不买日系车的，可是当他们到了4S店，经过各种比较后，最终还是选择了一辆日系车，原因是日系车款式好看，更重要的是省油。但是，这辆日系车到底一公里会耗多少油？同比其他同配置的车省多少油？他也说不清楚，只是说在4S店对各款车进行比较的时候，日系车的销售员帮他做了"专业"的对比，认为这款日系车最省油。还有一点很关键，那就是销售员认为这款日系车的车型跟他的气质很配，让他看起来更加年轻、时尚、个性十足。而实际上，笔者这位朋友平时最喜欢别人说他是"时尚型男"了。

很多时候，客户的要求并不是他内心的真实需求，销售人员只有深入地挖掘后，才能知道客户究竟想要什么。而心理学研究表明，适度的投其所好是增加客户好感最重要的因素。如果销售人员能敏锐地捕捉到客户真实需求的信息，继而适度引导与投其所好，就能为客户营造一种愉快的购物氛围，增加客户的好感度。如果客户情绪愉悦，自然更愿意接受销售人员提出的意见。要知道，客户在意的不仅是交易的产品或服务，更包括能否拥有愉快的购物体验，以及能否从这种购物体验中获得自我实现。

二、挖掘客户的隐性需求

马斯洛需求层次理论中的五个层次都不是孤立存在的，同样，客户在购买产品或服务时，也存在着不同的需求，只是每个人的关注点有所不同而已。如果你能抓住客户最关注的那个需求点，那么成交就会变得容易很多。

一般来说，客户直接告知我们的需求被称为**显性需求**，比如上面案例中，笔者朋友去买车时提出的直接需求就是"不买日系车"，而客户没有告知我们，需要我们深入挖掘的就是隐性需求，比如上面案例中，笔者朋友喜欢被人称为"时尚型男"。但从根本上说，不论是显性需求，还是隐性需求，客户的需求都不会脱离马斯洛需求层次理论。所以，即使客户没有明确告知我们他的实际需求是什么，我们也可以通过为客户提供超出其预期的产品或服务，触动客户的情绪，挖掘客户的隐性需求，从而提升客户对产品的情绪价值，促进成交。

三、为客户创造需求

创造需求就是打破交易常规，改变客户的消费习惯，让客户不知不觉地接纳你的产品或服务。我们常说，销售要以客户需求为导向，但这并不是要我们被动地跟随客户的需求，客户要什么你就卖什么。要知道，客户的真实需求往往既隐蔽，又动态，完全还原和即时反应是很难做到的。我们所说的以客户需求为导向，更多的应该是在了解客户基本需求的基础之上，积极地去引导、激发乃至创造需求，即超越客户原本的需求。简单来说，企业所提供的产品或服务，其价值定位、价值构成及特点等要能够出乎客户的预期。

由俞敏洪创立的"东方甄选"直播平台现在正处于快速上升期，一位名叫董宇辉的主播快速走进了大众视野。在董宇辉的直播间，不论卖什么产品，他都能依靠自己多年积累下来的知识、才艺金句频出，以幽默风趣的性格带动直播间气氛，深深地吸引着屏幕一端的观众，不少观众纷纷称："就算是不买东西，来听听董老师聊天也不错。"但是，这些一开始不打算买东西的观众，往往到后面会被董宇辉的话语和情绪所打动，从而忍不住在直播间下单。

比如，在直播间卖带鱼时，董宇辉就说了这样一段话："带鱼只能生活在 40 ~ 100 米深海处，因为那里水压很强，只有足够多的压力，才能够让它正常生活。有些人注定就是负重前行，就像乌龟和蜗牛不能没有壳一样，他们可以很慢，但他们可以很坚定。压力虽然让他们痛苦，但同时压力也会让他们坚定，痛苦的人才深刻，深刻的人才坚定。所以带鱼一旦捞出来，它肚子的气泡就膨胀，把自己活活憋死。有时候，一个人的强大就在于他能够长期地背负着那些东西前行，时间久了，就因此而变得深刻、变得敏锐、变得沉稳。"

直播间前的很多成年人在听完这段话后都纷纷表示"破防"了，觉得这些话"简直就是在说我自己"，主播与自己实现了情感共鸣，于是纷纷下单支持主播。

这种销售方式就超越了客户的预期，为客户创造了新的需求。客户进来时可能并没有想要消费，或者消费需求并不强烈，但主播短短几句话便准确地触动了客户的情绪点，让客户重新产生了购买需求。客户的情绪和需求被调动起来了，手也就不由自主地点击下单了。

实际上，销售的最高境界就是售卖观念，想让客户接纳你的产品或服务，首先要让他们接纳你的观念。只有人的观念改变了，情绪就会发生改变，行为也才会随时改变。而优秀的销售人员往往不会一直向客户强调产品的品质、服务的优质,而是强调消费观念,比如,遵循马斯洛的需求层次理论,向客户强调健康意识、安全意识、环保意识、社交意识、时尚意识、品位意识、价值意识,等等。当客户感觉购买你的产品可以让自己更健康、更安全、更时尚、更有品位,以及更容易被人关注、被人尊重、别人崇拜甚至被人羡慕时,他们就会认为你的产品或服务是超值的。这时,你就成功地向客户传递了情绪价值,调动了客户的感知价值。而客户往往是靠感性做出购买决策的,当他们认为你的产品或服务可以满足自己内心中的这些需求时,你还担心他们不愿意为你的产品或服务买单吗?

第三章

做好情绪管理，传递正面的情绪价值

俗话说：良言一句三冬暖，恶语伤人六月寒。在销售过程中，与客户沟通互动是不可避免的环节，也是为客户提供情绪价值的一个重要过程。优秀的销售人员往往能在不同的互动场景中说出恰当的话，向客户传递正向的情绪价值，用心聆听客户，挖掘客户的真实需求，增加客户的好感，推动客户快速做出购买决策；反之，则可能导致客户放弃成交。

本章要点：

- 销售离不开沟通，演讲、说服、辩论、谈判等沟通方式都可以在销售中充分运用。
- 与客户沟通过程中，要善于激发客户正面、积极的情绪，尊重客户自主权，提升客户价值感和成就感。
- 要把话说在客户心坎上，同时要学会倾听客户的表达，弄清客户的真实需求。

01 演讲、说服、辩论、谈判等沟通方式在销售行为中的运用

有销售的地方就有沟通、互动与说服，销售最重要的目的是通过沟通、互动来说服客户，让客户的态度朝着我们期望的方向改变，并通过各种方式引导客户的思维与情绪，使之与我们的思维与情绪保持一致，最终推动交易完成。

不过，互动、交流是在人与人之间进行的，说者和听者之间必然存在某种关系，而在特定的关系中，也存在着谁主动谁被动、谁影响谁、谁要争取谁的问题，这就是人际关系中所谓的"权力关系"。比如，乔布斯生前开新品发布会时，首要目标是争取媒体关注，所以，尽管乔布斯在现场如神一般存在，但媒体却更有主动权，他需要借助媒体为他传达信息、传递自己的产品理念。

就销售人员与客户而言，销售人员想对客户决策产生影响，让客户接受并认可自己，最终按照自己的意愿做出决策，就要善于在销售过程中运用语言技巧实现与客户的有效沟通。不过，正如色有三原、光分七彩一样，与客户沟通的能力也是由五个维度集合而成的。这五个维度就是演讲、沟通、说服、辩论和谈判（如图3-1所示）。

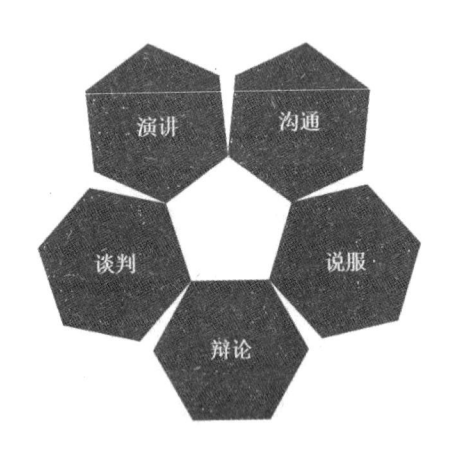

图 3-1

一、演讲

在很多人看来，演讲只是在公共场合针对某个具体问题发表自己的见解和主张，或者阐明事理、抒发情感，跟销售并没有直接关系。

实际上，销售中也可以有演讲，并且好的演讲能影响客户情绪，推动销售流程的顺利进行。比如，有些销售人员会在一些小型聚会中，把合适的产品推荐给参加聚会的人员。有一位销售人员就想在聚会现场推销一款口红雨衣，但她并没有一上来就介绍产品如何如何，而是先进行了一段演讲：

"亲爱的女性朋友们，请你们看一下你们的杯子上是不是有口红印留在上面了？每次就算你们特别小心，也会不可避免地粘在上面，是不是感觉挺烦的？前几天，我看到一篇文章说'在社交礼仪中，把口红留在杯子上是一种不礼貌的表现。不让口红沾杯，或者及时小心擦拭掉口红印是女人修养的表现'。很多时候，在一些重要的社交场合，女性朋友还可能因为口红问题而失去一些重要的机会，非常遗憾。所以呀，你们有没有想过怎样才能不会在杯子上留下口红印呢？"

这时，女性朋友就纷纷表现出了兴趣，而她适时地说道："大家看一下，我的杯子上为什么没有口红印？来，我给大家分享一个好东西——口红雨衣。简单来说，就是在口红外面穿了一层雨衣，再也不怕口红留在杯子上了，也不用频繁地补口红了……"

这就是通过演讲来推销产品的方式。通过简单的演讲，将自己销售产品的特性、优势等展示出来，并说明这些特性能为客户带来哪些益处，提炼出产品卖点。比如上面的案例中，让女性摆脱口红沾杯、频繁擦拭口红的烦恼，在社交中保持礼仪等就是口红雨衣的重要卖点。

不过，在销售中演讲，最好不要一上来就介绍自己的产品和服务，而是先用一种大家显而易见的需求，或者正在发生的行业趋势、世界趋势等来开场。当然，这种需求或趋势必然要与你的产品或服务有关，比如，它可以为你的产品或服务带来重大利好。在介绍需求或趋势时，你还要让客户意识到这些可以直接影响他们。如果对方能够满足需求、顺应趋势，就会从中获利，反之则可能会失去机会，造成巨大损失。也就是说，你要善于为客户提供一个巨大诱因，让客户愿意参与其中。

二、沟通

沟通是销售人员与客户必须进行的一项活动，在沟通过程中，首先，销售人员要清楚地向客户传递信息，如自己的产品或服务能为客户带来什么价值、对客户有什么好处，以及与竞争对手的同类产品或与替代产品相比较具有哪些优势，等等。

其次，销售人员要注意将利益的表现形式多样化，这种利益既可以是物质利益，也可以是精神利益，但无论是哪种形式的利益，只要是客户需要的都可以。要知道，双方的利益才是沟通的关键。双方既有共同利益，也有互相冲突的利益，销售高手往往善于在第一时间抛出共同利益，与客户形成利益共同体，而不是将客户当成对立者、敌人。双方是为了共同利益才坐下来进行沟通的，目的就是尽快促成友好的合作。

那么，在沟通过程中，双方要如何界定利益呢？

一般来说，利益分为两类，即沟通者本人的利益与所在公司的利益。优秀的销售人员不但会关注客户所在公司的利益，也会关注客户本人的利益，因为客户本人的利益可能是他在公司展示自己价值的一次机会。为此，我们一定要让客户看到自己的利益。而且，大部人是知恩图报的，当你全心全意地为客户利益考虑，为客户提供服务时，客户也会被你的真心打动，愿意成全你。

因此，在与客户沟通过程中，我们千万不要吝惜自己的时间和资源，只有为客户创造价值，才能调动客户的情绪，客户也才会为我们带来更大的回报。

三、说服

在与客户沟通过程中，不可避免地需要说服客户，一流的销售人员必定是顶尖的说服高手。沟通的目的有时是交流感情，但在业务过程中，更多的是推销自己的观点，让客户接纳并认同，继而接受我们的产品或服务。

不过，世界上最强大的说服是自我说服，所有厉害的销售都不会直接说服客户，而是通过有效的沟通方式让客户产生认同，让他们不知不觉地按照我们的路径进行自我说服。所以，销售人员所做的就是创造客户说服自己的机会与氛围。

说服一般分为理性说服和感性说服，也就是晓之以理，动之以情。所谓理性说服，就是站在对方的角度考虑问题，向对方表明此事双方都会有得失在里面，比如下面的案例中，某销售人员与某公司实施部门商量项目提前开工事宜：

销售人员："张经理，您对咱们这个项目的启动时间有什么要求吗？客户要求的工期比较紧，您看计划里的项目启动时间定在国庆节前行不行？"

张经理："国庆节后吧，节前我的事情比较多，而且我刚到这个公司不久，还要熟悉一下公司业务。"

销售人员："这个项目前期的准备工作可以再充分些，老板让您负责这个项目，肯定希望能利用您丰富的经验，其实了解项目的实施过程也是熟悉公司业务的最好途径，您觉得呢？"

张经理："你说得也对。"

销售人员："而且您这个项目是我们公司今年签下的最大项目，我们老板相当重视，其间我肯定跟您把这个项目配合好，有困难需要我协调的，我也会积极配合，我的奖金还指望您呢！"

张经理："那行，那我跟老板汇报一下，就暂定国庆节前吧。"

感性说服的前提是双方具有一定的信任度，能够通过建立强有力的共同点，引起对方感情的共鸣，比如：

"咱们都知道，这对公司有好处。"

"想象一下，如果这个项目成功实施，那在行业里就是标杆了，到时候领导会怎么看？"

"我们都为这件事而担心，要是不能按合同时间出货……"

四、辩论

销售过程中也会用到辩论，尤其在客户对产品或服务提出异议或反对意见，与销售人员的观点产生分歧时，销售人员就一定拿出一定的真凭实据来说服客户，争取就某些问题与客户达成一致。

当然，在与客户辩论过程中，销售人员不要急于否定客户、纠正客户，而是尽量缓和客户情绪，再明确客户为什么会有这种看法，继而找出双方的交集，给出有利于双方的解决方案。

一般来说，客户提出异议或反对意见所针对的要么是产品的质量，要么是价格，要么是对你所在公司满足客户能力的质疑。针对不同的情况，你要有不同的应对策略。

比如，你的公司确实不具备客户要求的能力，这时，你可以用公司其他方面的能力和优势来吸引客户，引导客户关注你的优势而忽略你的劣势。如："除了价格之外，很多客户还重视节能和环保，这方面您是不是也应该关注呢？"

再如，客户跟你反映说："这批打印机比之前的那批噪声大了不少，你们是不是开始以次充好了？"这时你可以跟客户说："您应该发现了，这批打印机的速度比之前提高了很多，引擎速度高，噪声就会大一些，但您可以获得更高的效率。为了获得更高的打印效率，噪声大一点，您觉得可以接受吗？"

当然，要想打消客户的疑虑，我们对自己的产品或服务也必须有足够的了解，不仅要熟悉产品的用途和使用方法，还要懂得自己的产品与竞争对手相比有哪些优势，然后用清晰、简洁的语言把这些信息准确地传递给客户，"赢得"与客户的"争辩"。

五、谈判

谈判无处不在，销售过程中更是不可避免。成功的销售不仅是销售人员把自己的产品或服务顺利地推销出去，还要使双方都感到有所收获，即所谓的双赢结局，这也是双方在谈判时最希望达到的目标。

不过，在与客户谈判过程中，销售人员一定不要忽视氛围，因为良好的氛围有利于提升客户的情绪价值，促使谈判双方更好地达成共识。为了营造良好的谈判氛围，我们在谈判之初最好能与客户谈一些双方比较容易达成一致的观点，拉近彼此间的距离，为后面比较难的谈判奠定基础。

与此同时，销售人员还要积极关注客户的情绪，如果发现对方情绪不佳，就要通过适当的话语缓解他的情绪。这时，一定不要硬碰硬，激化矛盾，使谈判陷入僵局，最好先弄清客户情绪的来由，再有针对性地为客户提供一些解决方法，并运用合理的肢体语言化解尴尬的氛围和情感冲突。

比如，当客户因为产品的质量问题而发火，对你表现出强烈的不满情绪时，你千万不要试图解释或推脱，这只会让客户认为你在推卸责任，从而对你更加不满。

此时，你首先要安抚客户的情绪，并引导客户将具体不满意的地方说清楚，你可以这样对客户说："对不起，王经理，对于给您带来的不便我们深表歉意。请您先不要着急，有问题我们一定会为您解决，您可以具体说一下是哪里出现问题了吗？"

当客户表达清楚后，你再有针对性地为客户提出解决方案，比如退换货或进行补偿等。

总而言之,销售既是销售人员推销产品和服务的过程,也是与客户"斗智斗勇"的过程,但从整体上说,这些所谓的"斗智斗勇"都是在对客户的情绪产生影响。这就要求销售人员在与客户互动过程中,一定要认真考虑什么该说、什么不该说,千万不要图一时痛快,说了不该说的话,给客户带来负面的情绪影响,最终影响销售的顺利进行。

02 与客户互动时，了解并掌控自己和客户的情绪

在一天当中，每个人都有不同的情绪出现。情绪好的时候，看到什么、听到什么都觉得是好的；情绪不好时，就会感觉诸事不顺。这就要求销售人员在与客户互动过程中，既要了解和掌控自己的情绪，也要了解和把控客户的情绪，最好能与客户的情绪做到同步，能从对方的观点、立场来看、听和感受对方的情绪变化，时刻注意维护好客户的情绪，让彼此间的互动在一种和谐轻松的氛围下进行，这样才更容易促进销售的顺利完成。

很多时候，虽然大客户采购被认为是理性和冷静的，但只要是通过人实现的，就一定会有感性和情绪因素在其中。一旦你或客户陷入负面情绪中，甚至在互动中怒火中烧，那

么你们的焦点就不是解决问题或达成目标，而是充满敌意的交流，甚至是攻击了。

比如，有一家公司想要把旧仓库出售，市场估计是2500万，卖方给出的报价是3000万元。但是，很长时间内只收到一家公司的回复，并且还价到2000万元。该公司无奈之下，只好接受了这个价格。但双方在签约的最后时刻，买方以仓库位置不佳为由，放弃了签约，卖方只好重新寻找买家。

又过了一段时间，另一家公司表示愿意出3000万元买下仓库，但前提是里面的东西也要一并赠送。卖方表示，可以把货架一并算入其中，但要搬走一台价格5000元左右的除湿机，买方表示同意。然而在最后签约时，买方却声称卖方表示里面的东西一并赠送，而不同意搬走除湿机。双方各执一词，甚至爆发了激烈的争吵，最终不欢而散，交易也没达成。

交易没有谈成可以理解，但双方都陷入情绪化实属没必要。对于卖方来说，前一次2000万元的价格都能接受，这次客户愿意支付3000万，为什么还要在意一台旧设备呢？而对于买方来说，既然之前允许卖方将除湿机搬走，为什么最终又反悔呢？

在这个案例中，卖方和买方都有一定的负面情绪存在。正面情绪能够促使我们与对方建立和谐的关系，而负面情绪恰恰会破坏这种关系，让我们与对方彼此看谁都不顺眼，甚至相互猜忌、相互攻击，目的都是想压对方一头，结果忘记了自己的目标。当目标被情绪干扰后，合作失败也就不奇怪了。

哈佛大学心理学家、沟通与谈判专家丹尼尔·夏皮罗指出：在几乎所有的沟通与谈判中，人类的需求是最核心的内容，集中精力把握五大核心需求——赏识、归属权、自主权、地位、角色（如图3-2所示），调整我们与对方的正面情绪，才能让沟通谈判在友好的气氛中达成目标。

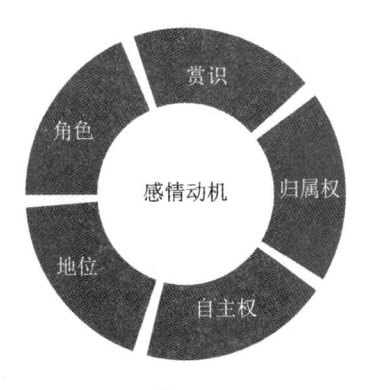

图 3-2

实际上，以上五大核心需求可以解释为影响客户决策的五个情感动机。如果销售人员能够关注情绪背后的这些动机，并找到应对动机的方法，就能掌控双方的积极情绪。而解决了情绪问题，也就更容易达成理想的结果。

坦率地讲，在与客户互动过程中，销售人员是处于弱势地位的。在这种情况下，销售人员想要通过满足客户的五个情感动机来掌控客户情绪,激发客户的正面情绪,从而影响客户决策,就要运用更有针对性的方法。

一、向客户表达赏识,与客户保持同喜同乐

每个人都希望得到他人的理解、尊重和欣赏,客户也不例外。如果客户感觉自己被对方关注和赏识了,那么他所表现出来的合作意愿会更强,敌对情绪也会更弱。所以,销售人员要善于了解客户的喜怒哀乐和心情变化,在与客户互动中,尽量肯定对方的优点或可取之处。这样就会让客户对你产生亲近感,心理上也更容易接受你,随之表现出在行动上喜欢与你交谈并购买你的产品。

很多人都听过世界上最伟大的销售员乔·吉拉德的一个故事。乔·吉拉德向一位顾客推销汽车,沟通过程比较顺利,可当客户准备付款时,身边的另一位推销员跟乔·吉拉德谈起了前一天的足球赛。乔·吉拉德一边跟这位推销员谈论着足球,一边去接客户的付款,没想到客户突然很生气,转身就走了,车也不买了。

第二天,乔·吉拉德专门来到客户家中拜访,想知道客户昨天为什么没有付款,这才知道,原来客户在付款时顺口说起了自己家儿子上大学的事。这是一件让客户感觉非常骄傲的事,可乔·吉拉德当时正跟同伴热烈地讨论足球赛,根本没听到客户的话,这让客户感觉自己没受重视。

乔·吉拉德立刻跟客户真诚地道歉,并非常正式地向客户表示了祝贺,客户这才转怒为喜,次日与乔·吉拉德签订了购车合同。

向客户表达赏识并不是要放弃自己的观点或权利,或者一定要接受对方的建议,而只需要真诚地向客户表达出你的感受即可。虽然很简单,却真的可以影响对方的情绪。有些时候,哪怕你并不赞同对方的观点,在表达时也要掌握一些技巧,比如:

"虽然我对您刚才的结论无法苟同,但对您表达的双方合作愿望的表述十分赞同。"

"我觉得您刚刚提出的合作设想很有前瞻性。"

"您刚才谈到的确实又给我们的合作打开了一条新思路。"

……

在这些情况下,即使交易没有立刻达成,客户的心里也会很高兴的,并且愿意与你继续深入沟通,交流也会在一种愉快的气氛下进行。

二、构建归属感,将对立关系变为同伴关系

归属感可以消除互动双方之间的疏离感,取而代之的是亲密感。有了这种亲密感,销售人员与客户更容易就某个问

题达成共识，让合作变得容易。

比如，客户对你说："你们的产品比××家的贵很多呀！"

如果你回答说："够便宜了，这还算贵？"

这样的回答就让你直接站在了客户的对立面，而客户也会立刻产生不适感，因为你的话在证明他是错的。这时为了证明自己的正确性，客户就会举出更多的例子，如哪些大品牌的产品比你便宜多少、对方的服务如何如何比你好等。结果你跟客户一番博弈后，客户找个借口不买了，你是不是傻眼了？

表面来看，你的销售方式好像没错，就是要为自己的公司争取利益嘛！但站在客户的角度来说，你的话让他产生了消极、不满的情绪，客户又怎么能痛快地跟你成交呢？

所以，此时你要去顺着客户的话说，让客户感觉你跟他是站在同一战线的，如："您说得对，这款产品确实有点贵，我们要谈成让老板都满意的合作，还真面临不小的挑战呢！不过，您先看看质量吧，毕竟质量和效用更重要，您说呢？看好后，我们再一起来想办法。"

在这句话里，关键就在"我们"这两个字的含义，它让你和客户瞬间变成了合作伙伴，而不是谈判对手。这也意味着如果合作成功了，你们就有共同的收获；即使失败了，你们也不会责怪对方，而是共同来承担相应的后果，只是没有想到解决共同问题的方法而已，而不是哪一方的问题。

这就为客户建立了很好的归属感，也让客户觉得你一定会为他的利益着想，而不是只想赚他的钱。

三、尊重客户自主权，让客户自己做决定

尊重他人的自主权，你就能成功地激发对方的积极情绪，尤其涉及做选择和做决策时，让对方自己来做决定往往会让对方对你的印象更好，也更容易被你说服。

从某种程度上说，与客户打交道时，销售人员是处于一定的劣势地位的，这时更要尊重客户的自主权，多向客户征求意见，在一些非原则性问题上，给予客户做决定的权利。比如，双方见面的时间、见面的地点等可以让客户来定，销售人员尽量配合，让客户产生被重视感；客户在选择某款产品或服务时，你可以把不同产品或服务的优缺点告知对方，但不要帮客户寻找或决策，一定要让客户自己决定，并且不要表现出对客户选择的轻蔑或不解。

还有些技术岗位的客户对某些技术可能似懂非懂，这时最好也能征求一下对方的意见，如："这方面您很有经验，您看这个方案还有哪些需要改进的地方呢？"要让对方参与进来，提出"宝贵"意见，客户会感觉你很尊重他，对你的好感也会倍增。

四、承认客户的地位和身份,提升客户价值感

在与客户互动过程中,职位对等、级别对等很重要,在与客户打交道前,要先弄清跟对方什么级别的人物对接,必要的情况下,你还可以认真了解一下对方有哪些特点、优势、爱好等,做到"知己知彼",才有可能与对方成交。

以前做销售员时,有一次,笔者去一个客户那里催收货款,由于之前公司给这位客户提供的服务出现了点小问题,虽然最后通过积极沟通,对方老板答应付款了,但在付款流程环节还需要该公司的技术工程师签字。

当笔者拿着付款单找到对方的技术工程师时,他很不耐烦地说:"你们的技术服务老出问题,如果你是跟我对接的,免费给我提供服务我都不要,你居然还来要尾款!"

笔者忙赔上笑脸,把提前准备好的一份小礼物递给他,说:"唉,我就是跑腿的,对技术这方面不是特别熟悉,老板让我来找您,说没有您的签字就不付款,还请您多多包涵!"然后把付款流程单放在他的面前,他看了我一眼,又发了一通牢骚,但还是顺利地签了字。

承认对方的地位和身份,就表明了我们对他的尊重,这并不会让我们有贬低自己的感觉,却可以提升对方的价值感和重要性,为对方传递积极的情绪,对方也更愿意配合你。

五、重塑自身角色，增强客户成就感

以前笔者有一个客户，一次闲聊中，她就跟笔者"吐槽"起了自己的儿子。当时她的儿子正在一所重点高中就读，她说家里每天的空气都是紧张兮兮的，孩子学习辛苦自然是免不了的，大人每天也很紧张，要照顾孩子的生活起居，还要照顾孩子的情绪，生怕自己做不好而影响了孩子……

听完后，笔者在表示感慨之余，还对她说："如果我是您的话，肯定做不了这么好，做妈妈真的比做销售辛苦多了！"

她听完后，马上笑起来，我们接下来的交流也很愉快。

有些时候，跳出销售员的角色，将自己转换或重塑成其他角色与客户沟通，你跟客户的关系就会变得不一般。比如上面的案例中，当笔者把自己转换成客户的角色后，表示自己做不了客户那么好，其实就从侧面表达了对客户的赞赏，提升了客户的成就感，让客户看到了自己的价值，因此也会调动客户的正面情绪，让客户对我们好感倍增。

与客户互动时，充分把握以上五大核心需求，不但能了解和掌控自己的情绪，还能有效把握和激发客户的正面情绪，与客户建立和谐愉快的关系，从而对客户最终的行为和决策产生积极的影响。

03 把话说到点子上，把话说到客户心坎里

销售人员和客户是如何成交的？

答案很简单，就是通过高效沟通成交的。

高效沟通为什么能促进客户成交？

答案依然很简单，因为在高效沟通中，销售人员能摸准客户的心跳，然后把话说到点子上，说到客户的心坎里。这也是销售的最高境界。销售人员只有真心实意地为客户着想，从客户的真实需求出发，调动客户的情绪价值，才能获得客户发自内心的认可。没有人能拒绝一个真心对他好的人，在销售过程中，同理心往往比任何话术和技巧都有效。

通常来说，我们在销售过程中，可以从五个方面入手，把话说到客户心坎里（如图3-3所示）。

01	02	03	04	05
主动探寻满足客户需求的方法	从细节入手，用真诚感动客户	用客户熟悉的语言介绍产品或服务	调动客户的积极情绪	打动客户的几个万能句式

图 3-3

对于优秀的销售人员来说，70%以上的时间用在沟通上。更重要的是，要与客户拉近距离，我们在跟客户沟通时一定要带有感情，要善于结合说话的场景，掌握客户的心理，适时地进行情绪反馈，迅速与客户产生共鸣，让客户感受到我们的真诚，从而增加客户对我们的好感，有利于成交。

具体来说，我们可以按照上面的五种方法来与客户沟通：

一、主动探寻满足客户需求的方法

客户购买产品或服务的目的是希望产品或服务可以为自己带来某种价值和便利。因此，想要成功说服客户购买，销售人员就要学会探寻客户内心的真正需求，然后针对客户需求给出相应的解决方案。

举个例子，一位房地产经纪人接待了一对老夫妇，老夫妇表示想要买一套房子，并且特别提出，房子一定要在一层，还要带个小花园。

一开始，这个经纪人没追问老夫妇为什么要买带小花园的房子，就带着他们去看了几处，好不容易才看中了一套。但就在要签约时，老两口又提出一个问题，说怕下雨时一层会发生倒灌，而且下水道容易反味，所以不想签了。

经纪人忙跟老夫妇沟通，说："你们担心的问题确实存在，这也是带一层花园的房子普遍存在的问题。不过，我想多问一句，你们为什么一定要选择带花园的房子呢？如果你们想在小花园里散步活动，其实现在的小区里都有宽敞干净的花园可以选择，这个并不难实现。"

最后，这对老夫妇说："我们也不是非要带花园的一层，只是想养养花，晒晒太阳。"

很显然，这才是客户最真实的需求。于是，经纪人立刻根据这个需求重新寻找房源，最终为两位老人找到了一套二层带大露台的房子，客户很满意，很快就签了约。

你看，在很多时候，客户并不会直接说出自己的真实需求，销售人员要做的就是通过沟通，充分获取客户需求，为客户提供一个良好的解决方案，让客户满意。而不是把事先设计好的产品或服务，用急功近利的方式强行推荐给客户。在任何时候，销售的核心都不是卖产品或服务，而是卖客户的需求。你能发现客户的真实需求，就等于成功了一半；你满足了客户的真实需求，那就能获得成功。

二、从细节入手，用真诚感动客户

细节决定成败，最能打动客户的往往不是产品或服务多么高大上，而是一些不起眼的小细节。比如海底捞之所以在传统的火锅行业异军突起，非常重要的原因是它在一些细节方面做得非常到位，甚至细致到会为长头发的女士提供发卡，为戴眼镜的顾客提供眼镜布，为等位子的顾客擦鞋、做美甲……正是把这些细节做到极致，海底捞才吸引了一批又一批的顾客前往体验消费。

在销售过程中，要想说服客户，取得客户的信任，我们同样要善于从细节入手，通过在细节方面的沟通，为客户提供深度服务，用真诚感动客户。

有一次，笔者去商场购买笔记本电脑，当时的一位销售人员就给笔者留下了很深的印象。他在介绍完产品后，先是递给笔者一张名片，告诉笔者说："先生，如果您在使用产品过程中出现任何问题，都可以直接跟我联系，我一定会在最短的时间内帮您解决。"

而让笔者感动的是，在笔者付完款后，他还赠送给笔者一张键盘膜和一把小刷子，又跟笔者说："先生，笔记本键盘上沾了灰尘后不好清理，您如果用得习惯，可以用键盘膜把键盘保护起来。清理键盘时，可以用这个小刷子，这个还是蛮好用的。"

像保护键盘、清理键盘这种小问题，很多销售人员都会忽略，甚至很多客户自己都会忽略，只有使用过程中遇到键盘脏了不好处理时，才会想到如何解决这个麻烦。但这名销售人员就是从这个小细节入手，不但提前告知客户可能遇到的问题，还给出了相应的解决方案，让笔者很感动。所以对于笔者来说，这是一次愉快的购物体验，他也向笔者传递了一种正面的情绪价值，让笔者感觉很舒服。哪怕这台电脑比在其他地方卖得贵一些，笔者也愿意。

三、用客户熟悉的语言介绍产品或服务

很多销售人员在为客户介绍产品或服务时，为了显示自己的专业性和产品的"高大上"，总喜欢使用一些专业术语，让客户听得云里雾里。殊不知，这样很少能成功地说服客户，原因很简单，那就是客户根本听不懂你在说什么，也无法理解你的产品和服务到底好在哪里、优势是什么，自然不会被打动，更不会贸然下单。

所以，在向客户介绍产品或服务时，建议大家要有一种"小白思维"，就是把客户当成"产品小白"，对产品和服务毫不了解，需要我们用最简单、最直接、最通俗易懂的话语来向客户介绍，让客户真正能听懂、理解。只有听懂、理解你

的产品性能、服务特点，客户才有可能认同和接纳，也才有可能下定决心与你签单。

有一次，笔者的一位朋友要为办公室采购一批办公用品，结果遇到了一个让他大跌眼镜的销售员。当时，他要购买的是一种营销信件分报箱，他告诉销售员，自己公司每天会收到大量信件，需要对这些信件进行分装，同时对需要的信箱提出了一些具体要求。

他介绍完自己的需求后，这个销售员考虑片刻后，对他说："您的公司最需要我们的 CSI[①]。"

"CSI 是什么意思？"笔者朋友有些不解地问。

"啊？这个您不懂吗？"销售员露出略显惊讶的表情，"就是你们需要的信箱呀！"

"那么，这种信箱是什么材质？纸板的、木头的，还是金属的？"笔者朋友虽然心里有些不舒服，但还是想了解清楚。

"如果您需要金属材质的呢，那就用我们的 FDX[②]，当然也可以为每一个 FDX 配上两个 NCO[③]。如果对方放入的是打印件的信封，可能还要配两个 NCO 的 FDX 转发普通信件……"

---

① 统一耐用存货。
② 流量传感器。
③ 数字控制振荡器。

"等等，等等……"笔者朋友强压住心中的不快，说，"你的话我根本听不懂是什么意思！我是想买办公用品，不是买英文字母，你最好用我能听懂的中文给我介绍，不然我根本不知道你的这些产品是不是符合我的要求。"

"哦，这些都是我们的产品序号。"销售人员回答说。

最后，笔者朋友只好拿着笔，一个字一个字地把销售员说的产品序号记下来，又逐一问容量、材质、颜色、价钱等，好不容易才弄清楚了。

很显然，这不是一次愉快的沟通。销售人员所用的各种专业用语让客户根本不明白、不理解，自然很难马上下单购买产品。

所以，作为销售人员，在介绍产品或服务时，应尽量用浅显易懂的语言，即使是产品中有一些专业术语，也用简单的话语来转换，让人听后明明白白，这样才能达到有效沟通的目的。

四、调动客户的积极情绪

在销售过程中，销售人员要通过不断沟通将客户的情绪慢慢调动起来，让客户觉得销售人员是值得信赖的朋友，进而满心欢喜地达成合作。在这种情况下，客户才有可能持续消费，为企业创造更多的利润。事实上，这样的销售结果也是销售人员与客户之间最佳的合作关系。所以，销售人员不但要把自己当成产品的销售者，还要当成客户最信赖的服务者，让客户得到的不仅是一款产品或一项服务，而是一份好心情。

举个例子，有一家大型服装加工厂因为业务需要，想采购一批全新的产品加工设备。消息一出，许多设备生产商的销售人员纷纷以各种方式联系该厂负责采购的李经理，向其介绍自家产品的性格、优势等，但该厂始终没有与任何一家厂商的销售人员沟通签约，各厂销售人员都很着急。

后来，其中一家设备厂的销售人员改变战术，主动联系李经理，向对方表示说，最近自己公司生产了一批新型产品加工设备，产品刚上市不久，目前整体反馈还不错，但公司还想对设备进行改良，他听说李经理是这方面的专家，希望李经理给他们提出一些建议。

结果，李经理不但非常高兴地为他们公司的这批设备提出了改进建议，还主动与他签订了加工设备的购买合同。

在整个销售过程中，销售人员都没有说任何让客户购买产品的话，只是邀请客户进行技术指导，结果客户却主动提出了合作要求。这就告诉我们，只要你能成功调动客户的情绪，让客户感觉自己被重视，客户的心理防线就容易突破，签单也就不再困难。

五、打动客户的几个万能句式

要说服客户需要技巧,要让客户心甘情愿地接受我们的产品或服务,销售人员就要懂得如何沟通才能打动客户,赢得客户的好感和信赖。通常来说,充满真诚、善意、热情的话语都容易触动客户。下面这几个万能句式可以在一定程度上打动客户:

"您好,我可以为您提供哪些帮助?"

"您说的没问题,我们一定想办法满足您的要求。"

"能为您服务非常荣幸。"

"真心感谢您对我们的信任。"

……

销售最大的敌人不是竞争对手,也不是产品的局限性或价格劣势,而是你缺乏一颗与客户共情的心。当销售工作陷入困境时,你应该尝试改变思维方式,将自己切换到客户的立场,设身处地地站在客户角度思考问题,也许问题就能迎刃而解。

04 用心聆听，积极引导并鼓励

全球知名成功学家戴尔·卡耐基说：在生意场上，做一名好听众远比自己夸夸其谈要有用。如果你对客户的话感兴趣，并且有想听下去的急切愿望，那么订单就会不请自来。

可能有些销售人员觉得，客户主动说话，销售员被动倾听，这会让客户占据绝对优势，而让自己处于较为不利的地位。其实这只是一种表象，善于聆听，做一位好听众，反倒会让销售人员更加深入地了解客户，发掘客户的真实需求，并且有更充裕的时间思考如何与客户沟通，引导客户按照自己的思维走，将对方的思维引向自己的思维。与此同时，你专注、用心聆听客户说话的态度还会让客户感觉自己受到了关切和尊重，继而对你产生好感和信任。从这个角度来说，善于聆听的销售员反而更容易处于优势地位。

但是，也会出现这样一种状况，就是客户滔滔不绝地说了很多，双方聊得也很开心，可沟通了半天，销售人员发现，自己对客户的信息仍然知之甚少。这时该怎么办呢？

出现这种情况的原因主要是客户一直在把控着沟通的内容和节奏，而让销售人员失去了话语权。在与销售人员沟通过程中，客户一般不会意识到时间对销售人员的重要性，尤其当客户谈兴正浓时，可能会不知不觉地把话题带到家长里短、明星八卦这些对销售人员来说完全无效的内容上面去。这时，销售人员自然就得不到更加有效的信息了。

销售人员想要把控沟通的内容和进程，就要善于积极引导客户，将客户的话题引导到双方的交易上面来，以防止话题跑偏或沟通半天无法推动销售进程的情况。

那么，销售人员要怎样把控沟通的内容和进程，才能更有效地引导客户的思维和情绪呢？

根据笔者多年的销售经验，笔者认为销售人员可以从以下三个方面入手：

一、通过提问，引导与客户的对话方向

适当提问可以引导客户说出更多的想法，特别是在面对一些不太愿意主动表达的客户时，巧妙的提问更是让客户敞开心扉最有效的方法。如果提问得当，客户很容易根据我们的问题发表自己的一些看法，或者提出自己面临的一些问题，

以及希望得到的解决方案等。比如下面这个案例：

销售人员："先生，我看您一直盯着这款无人机，是对无人机感兴趣吗？"

客户："我平时喜欢拍摄一些视频，经常会用到无人机拍摄远景。"

销售人员："那您是无人机爱好者呀！您今天是打算先看看，还是买一个呢？"

客户："我之前买的那款无人机修了好几次，最近又坏了，我不想修了，看看能不能重新买一个。"

销售人员："那我能了解一下，您之前使用的无人机是哪个部位出现问题了呢？"

客户："无人机的机翼容易受损，特别是撞到东西或摔到地上后，就会有损坏。"

销售人员："确实，很多无人机都存在这个问题，还有其他问题吗？"

客户："还有液泵容易坏，续航时间短，操作也不太灵敏，高空拍摄时，我发现拍的画面清晰度一般。"

销售人员："先生，您刚才说的这几个问题确实很影响无人机的使用效果。那我为您介绍一款比较合适的无人机，可以解决您刚才提到的这几个问题，但是价格方面偏高，您看能接受吗？"

在这个案例中，销售人员并没有直接问客户需要什么样的产品，或者直接推销某款产品，而是通过提问不断了解客户的真实需求，继而为客户提供有针对性的解决方案。

需要注意的是，在提问之前，销售人员一定要先判断客户当前的情绪状态，了解此时是否适合提问。要尽量挑客户情绪愉快的时机向其发问，并且提问的话题也要贴合当时的情境。如果客户心情不好，本身就带着情绪，这时不管你问什么样的问题，都有可能引发其反感。面对这种情况，最好的方式就是以委婉的方式停止对话，或者把对话内容转到其他话题上面，聊一聊客户感兴趣的话题。简而言之，就是要控制谈话的内容、节奏，确保谈话的流畅度。

二、及时回应客户，对客户的想法和观点表示认同

沟通是双向的，当客户提出问题或表达想法时，销售人员不但要认真聆听，还要及时回应，用微笑、点头或者"好""是的""对"等简单的话语回应客户，对客户的想法和观点表达认同，这样可以激发客户继续表达和沟通的兴趣，同时向客户传递出"我正在认真倾听你的意见"的信息，鼓励客户发表更多的看法。

很多时候，客户可能会对我们的产品或服务提出疑问或不满，这时不要急于去纠正或反驳客户，而是先认真听客户说完，然后表示出对客户看法和意见的认同，继而了解客户的真实需求，找到我们的产品或服务与客户之间的交集，与客户进行进一步的沟通。比如下面这个案例：

销售人员："现在国产的大品牌床垫质量也很好。"

客户："一些国产大品牌的床垫倒也还行，但我还是觉得比不上国外大品牌的床垫，我还是更喜欢国外的产品。"

销售人员："是的，我理解您的想法，一些国外大品牌床垫的质量确实不错。同时我想了解一下，在您看来，床垫要达到什么要求才是好床垫呢？"

客户："首先肯定是软硬适中，透气性好，睡上去舒服呀！其次，材质要安全，毕竟一天中有一半的时间都是在床上度过的嘛！"

销售人员："您说的这几点要求确实符合好床垫的标准，我们这里的几款国产品牌床垫也可以达到这个标准，价钱要比国外的便宜很多，您了解一下？"

在上面的案例中，销售人员在客户不太认同国产床垫的质疑下，找到了"大品牌国产床垫质量也还行"的共同点。与此同时，性价比是突出的卖点，同样的品质，合适的价格，由此入手，及时回应和认同客户的观点，再引导客户对国产品牌床垫进行了解，将客户带入购买决策流程之中。

三、鼓励客户体验产品或服务，做出成交决策

很多企业在培训销售团队或客户服务团队时，总是强调销售人员要学会"聆听来自客户的声音"，销售人员也觉得这件事不难做到，并且跟客户互动时在努力地做。但是，总有一些客户，即使销售人员多次引导，他们也不愿意说太多，而且销售人员引导越多，客户就越反感，销售人员就越弄不清客户的真实需求是什么。

在这种情况下，我们可以鼓励客户直接体验一下产品或服务，让客户亲自感受到产品的面料、材质、性能以及服务的质量等。体验之后，如果真的符合自己的要求，客户就会产生购买的欲望。

这时也要注意一点，那就是客户在试用体验产品或服务时，我们不要刻意去推荐产品，而是先让客户没有压力地充分体验。为了避免冷场，我们也可以用简单的话语适当对产品的特点、优势等进行介绍，让客户在体验过程中自己去感受产品的各种性能，同时可以鼓励和引导客户对产品发表一

些意见。

顶级销售乔·吉拉德在销售汽车时，就经常会让客户坐到汽车驾驶室里，试着开上一段距离。客户有了亲自触摸、试开的感觉后，对车就有了进一步了解，也容易产生信任感，乐意购买他推销的汽车。如果客户的家就在附近，他还会建议客户把车开回家，让客户在家人、孩子、邻居面前炫耀一番。

根据乔·吉拉德本人的经验，凡是愿意坐到驾驶室里，把车开上一段距离的客户，没有不买他的车的。即使当时没有下单，不久后也会过来购买，因为新车的"味道"已经深深刻在他们脑海中，让他们难以忘怀，忍不住想要拥有。

其实，人们对想得到的东西都充满好奇心，心里也愿意去尝试、操作、体验它们。这就提醒销售人员，不管你销售的是什么产品或服务，都要想方设法在客户面前展示产品，鼓励客户亲身体验，这样既能发现客户的真实需求，掌握他们在试用产品或服务时的情绪变化，又能让客户通过体验对产品产生更大的兴趣和信心，为后面的成交奠定基础。

第四章

满足客户不同需求，让情绪发挥最大价值

在恋爱过程中，恋人之间需要经常设计和安排一些感动对方的心动时刻，一起体验美好时光和幸福感，直到有一天情感价值的积累让对方确信你就是那个值得携手一生的人。企业与客户之间也是如此，客户希望自己能被企业重视、关怀并特殊对待，能让企业急自己所急、想自己所想。如果企业能做到这些，客户的情绪价值就会大大提升，忠诚度也会大大增强。所以，企业和销售人员要懂得利用情绪价值来满足客户的不同需求，让情绪价值在客户身上发挥最大作用。

本章要点：

- 针对客户的不同需求，要善于为客户提供不同的情绪价值，使正向情绪价值贯穿整个销售过程。

- 当客户的消费体验和满意度不佳时，要对客户表达理解，先帮助客户解决情绪，再解决问题。

- 当客户经营状况不佳时，积极帮助客户寻找问题和痛点，一起陪伴客户渡过难关。

- 善于与客户分享成功经验，同时鼓励和引导客户分享自己的成功经验，与客户构建良好的关系。

- 客户也有自我实现的需求，销售人员的产品或服务越能帮助客户实现自我价值，销售就越容易成功。

01 客户消费体验不佳，提供治愈型情绪价值

以前，销售的核心是产品，很多时候"客户就是上帝"只不过是一句空话，但在今天，销售模式已经完全发生改变，企业必须真正做到以客户需求和客户满意度为核心。只有多维度、多角度地为客户创造良好的体验，有效增加客户在消费和使用产品过程中的愉悦感，才能不断刺激客户的消费欲望，让客户对产品和品牌保持好感。

不过，要让客户对产品和品牌一直保持好感并不是一件容易的事，一方面因为企业与客户之间的合作是建立在一定基础之上的，即企业产品或服务能够为客户带来一定的价值；另一方面，一旦该产品或服务的某些地方让客户产生了不好的体验感，客户就可能流失，转而与能够为他们提供更高价值或更好产品体验的企业合作。

美国经济学教授菲利普·科特勒指出，客户满意是指

"一个人通过对一个产品的可知感效果与他的期望值相比较后，所形成的愉悦或失望的感觉状态"。而《消费者行为和营销策略》的作者亨利·阿塞尔认为，当产品的实际消费效果达到消费者的预期时，就导致了满意；否则，就会导致客户不满意。

对于企业来说，如果客户对企业的产品和服务感到满意，便会将他们的使用或体验感受通过口碑传播给身边的人，扩大产品和品牌的知名度，提高企业形象，为企业的发展不断注入新的动力。

那么，客户对产品或服务的体验感和满意度会受哪些因素的影响呢？

笔者总结了一下，客户的消费体验和满意度主要受以下四个因素影响：

一、产品和服务的让渡价值

前文提到，让渡价值就是客户购买产品或服务所获得的总价值，与客户购买该产品或服务所付出的总成本之间的差值。客户对产品或服务的体验感和满意度会受到让渡价值的影响。如果客户从产品或服务中获得的让渡价值高于他的期望值，他就会倾向满意，并且差额越大越满意；如果客户得到的让渡价值低于他的期望值，他就倾向不满意，差额越大越不满意。

二、客户的情感与情绪

客户的情感和情绪同样会影响其对产品和服务的体验感知,并且这些情感和情绪可能是很稳定的,比如客户平时的生活状态和个人情绪都比较稳定。当客户处于愉快、健康的身心状态时,对所使用的产品和服务的体验感就会有正面的影响;如果客户正处于一种糟糕的、消极的甚至恶劣的情绪状态中,对产品和服务的反应就不会太好,有时甚至可能因为产品或服务中的一点点小问题而揪住不放,乃至彻底放弃该产品或服务。

三、客户对服务成功或失败的归因

这里所提到的"服务"包括与有形产品相结合的售前、售中和售后服务。当客户因为某种结果而震惊时,比如企业提供的服务比客户预期好得多或坏得多,他们就会寻找各种各样的原因。这时,他们对原因的评定就会影响其对产品或服务的体验感和满意度。

比如,客户购买的一款产品在使用中出现了一些问题,虽然企业对其进行了处理,但由于没有在客户期望的时间内处理好,客户就会寻找一些原因,如企业不负责,只想着赚自己的钱；或者企业对自己不重视，没把自己当成重要客户对待，由此就会对企业产品和服务产生不满，体验感很差。相反，如果客户认为是自己没有把问题描述清楚，或者没有积极配合企业处理问题，他的不满程度就会轻一些，甚至认为企业是可以原谅并愿意继续合作的。

同样，如果客户获得了一次超乎想象的好的服务，他也会进行不同的归因。如果客户认为这是企业的分内之事，那么这项服务对提升客户体验感和满意度就没有太大帮助，但如果客户认为这是因为企业足够重视自己，或是该品牌特别讲究与客户的情感联结才这样做的，那么这项服务就能大大提升客户的体验感和满意度，客户会将这种满意度推及对品牌的信任感和忠诚度上。

四、客户对平等或公正的感知

比如，客户经常会问自己：我与其他客户相比，是不是获得了公平的对待？其他客户会不会拿到了更优惠的价格、获得了更优质的服务？等等。这些也是客户对产品和服务体验感知的重要因素之一。

除此之外，产品的外表形象、销售人员和服务人员对客户的态度等也会在一定程度上影响客户的消费体验。而客户对产品和服务的体验满意与否也将直接决定其以后的行为。

如果客户体验感好，对产品和服务都比较满意，他就非常有可能再次消费该产品或服务；反之，客户就会减少消费或消除消费后的失调感。

比如，客户要么会从产品或服务中寻找能够表明该产品或服务具有高价值的信息，以证明自己之前的选择是正确的；要么向企业讨回自己的损失或要求补偿等；要么对该产品或服务采取各种抵制措施，以后再也不去消费，或带动身边的人拒绝消费等。而最坏的结果就是向相关部门进行投诉，导致企业遭受不可预估的损失。

以上都提醒企业和销售人员，当客户对产品和服务体验感不佳时，一定要及时采取有效措施，减少或消除客户的购买失调感，积极面对和处理客户意见，为客户提供多种缓解不良情绪的渠道。其中一个关键性的措施就是为客户提供治愈型的情绪价值。

从心理学上说，治愈型情绪价值是指我们在伤心难过、迷茫心累的时候，他人为我们提供的安慰和鼓励。比如我们失恋时找朋友哭诉，此时朋友就拥有了治愈我们的情绪价值。放在销售活动中，当客户由于以上某种原因而对产品体验感或满意度不够时，我们就要及时为客户提供治愈型情绪价值，安抚客户的情绪，或者帮助客户排解负面情绪。具体来说，可以从下面三个方面入手：

一、以诚恳、专注的态度倾听客户意见

客户对产品或服务体验不佳，心里难免会有不满和怨气，这时面对销售人员也会不可避免地把自己的牢骚和不满倾吐出来。

面对这种情况，销售人员不要急于反驳客户，而是要以诚恳、专注的态度听取客户对产品或服务的意见和不满，使客户感受到企业和销售人员对他们意见的重视。必要时，销售人员还要认真用笔记下客户所提到的重点问题，这样虽然不一定能彻底安抚客户，却可以平息客户的一部分怒火，防止事态进一步扩大。

笔者的一位朋友曾义愤填膺地给笔者讲了他经历的一件事。有一次，他刚买没多久的空调不制冷了，他就打电话给售后，售后表示维修人员会在2小时内上门维修。笔者朋友听了，专门请假在家等候，没想到等了整整一下午也没人来维修。更让他生气的是，他在打电话给售后反映这个情况时，售后竟然边接他的电话，边跟身边的人聊足球。一怒之下，他把该空调品牌投诉到了消协，最后品牌商上门来道歉。尽管如此，笔者朋友对该品牌的产品从此完全失去了好感，还对笔者说，该品牌在他的选择中将是"一生黑"。

这个案例就提醒我们：面对客户的不满和投诉，即使不

能马上解决，也要耐心倾听、耐心解释，给予客户足够的重视，并且一定要站在客户的立场上考虑问题，必要时还要将自己听到的内容简单地复述一遍，以确认自己能够把握客户的真实想法。

二、先解决情绪，再解决问题

有人可能会问："如果问题或责任不在我们，而在客户一方，该怎么处理呢？"

当问题或责任不明晰，或者责任明确在客户一方，而客户情绪又非常激动时，我们可以适当采取"休克疗法"，即给客户一定的缓冲时间，先让客户冷静下来，再帮助客户逐渐认识到自身存在的问题，然后通过协商，找到一个让双方都能接受的解决方案。

需要注意的是，任何时候都不要与客户发生正面冲突，否则，输的一定是销售人员和企业自己。正所谓永远不要和客户争辩，结果往往是赢了争辩而丢了客户。即使我们在冲突中占了上风，也会彻底失去这个客户，这就违背了销售和服务的初衷——留客。所以，当客户消费体验不佳时，即使问题或责任真的不在我们，也要先接纳并安抚客户的情绪，让客户感受到我们的重视和关注，然后解决问题。要知道，客户有不满，说明客户正在使用我们的产品，而且非常关注体验和效果，我们不但要认可和接纳这种行为，还要表扬这种行为，让客户参与产品的改善和服务的优化，从而与客户建立感情联结，为客户的满意度和转介绍客户打下情感基础。

三、为客户提供一定的附加价值

有一位女士在商场买鞋，经过精挑细选后，终于选了一双自己中意的鞋子。谁知回家后，女士发现盒子里装的不是自己原先挑选的鞋子。她非常生气，只好又跑到商场去调换。商场经理知道这件事后，马上给她更换了鞋子，并非常真诚地向这位女士道歉，还赠送了她一瓶进口鞋油，最后这位女士"满载而归"，怒气也消了。

当客户的体验感不佳是因为企业或销售人员工作失误造成的时候，企业和销售人员一定要迅速帮助客户解决问题，并提供一定的附加价值，这样才能最大限度地平息客户的不满，同时建立客户的忠诚度。

总而言之，面对客户消费体验不佳的时候，最重要的是先安抚客户的情绪，给予客户一定的安慰和理解。要知道，客户此时需要的不是你的辩解，也不是你讲的大道理，而是你的认同、理解和安慰。你只需要告诉客户："我非常理解您的感受，换我也一定会不满意。但是，我一定会全力以赴地帮您解决。"待客户的怒气消一些后,再调整好态度,帮助客户分析和解决问题。记住,治愈了客户的情绪,就解决了问题的大半。

02 客户陷入经营困境，提供指导型情绪价值

20世纪80年代，英国航空公司在经营上陷入困境，英航高级管理萨姆便聘请了一家咨询公司，让他们通过调查帮助英航找到最关键的评价指标。咨询公司经过调研后，告知萨姆：英航应该把经营重点放在一个重要的因素上，那就是飞机要准时到达和起飞。

萨姆对咨询公司给出的结论不以为然，因为当时全世界的航空公司都知道要准时到达和起飞，但咨询公司进一步指出，虽然英航知道飞机准时到达和起飞的重要性，却并没有引起足够重视。也就是说，英航并没有把这一点作为公司的一项关键绩效指标，纳入对员工的考核之中。

在咨询公司的建议下，英航开始将飞机准时到达和起飞作为关键绩效目标，加入员工考核之中。很快，英航飞机的准点率就有了提升，许多乘客也因为英航的准时而纷纷选择

它，英航也由此走出了经营困境。

客户的企业在经营过程中，由于种种原因而陷入经营困境十分常见。在这种情况下，我们要在自己的能力范围内引导客户，尽可能地帮助客户走出困境，走上正常的经营轨道。这时，我们为客户提供的就是指导型情绪价值。具体来说，就是为客户提供考虑问题的新视角和解决问题的方法论。

一、通过针对性问题找到客户痛点

客户经营遭遇困境，肯定是在某些方面出现了问题，我们因为与客户有业务往来，对客户的某些相关信息还是比较熟悉的。这时，我们想要帮助客户摆脱困境，为客户提供指导型情绪价值，就要先弄清客户当前的痛点在哪里。

笔者先讲一下以前是怎么做的。

以前笔者在跟客户沟通，遇到客户"吐苦水"时，会这样跟客户聊："王总，您是公司负责人，对吧？"这是在问权。

在得到肯定回答后，笔者继续问："你们公司之前的营业额大约为多少？公司一共有多少人？"这是在问钱。

而下一个关键性的问题就是："现阶段你们接单的主要渠道是什么？"

有的客户会说他们主要依靠老客户的介绍，这时笔者会先夸赞一下："哇，那说明你们公司的口碑很好，服务做得很到位。"但话说回来,单纯地依靠老客户介绍这种增长方式太慢了。身边有一大批企业在不断崛起,客户的公司还在像乌龟一样慢慢爬行着增长,显然这样的增长是乏力的。有的客户说自己主要靠销售,有自己的销售团队,这个思路不错,但也有缺点,比如管理销售团队的压力是不是很大?人际关系是不是难协调?销售人员的绩效和提成制度是不是合理?现在没有一定经济实力的企业难以养活销售团队,因为大家做销售就是为了赚钱,企业赚不到钱,销售人员肯定会离职,这就又增加了企业的经营难度。还有的客户说自己的客源主要靠自然人流,但在商场、同类商品聚集地,这种方式获客压力会很大。如果客户说这里只有我一家,那就更没什么人流了,消费者很少会为了一家店而专门跑一趟。

找到客户经营的痛点后,笔者会有针对性地为客户讲一些案例,分析一下每一种经营方式的利弊,帮助客户更深入地挖掘问题。如果最后发现问题可大可小,那么适当改变一下策略还有机会,可能只会损失一点利润;如果问题较大,那么公司很可能会走向现金流枯竭,到时候,客户就要重谋生路了。

二、通过暗示问题放大客户需求

当客户发现你找到了他的痛点后,接下来,一些销售人员就开始向客户推销自己的产品或服务了。其实这是不对的，因为客户当前遭遇经营困难，可能并没有强大的动力来购买你的产品或服务。即使想买，此时也是心有余而力不足。所以，此时你要做的就是通过暗示问题把客户的需求逐渐放大，把客户解决问题的迫切性提升到另一个维度。而笔者个人的经验就是跟客户一起分析企业的过去、现在和未来。

首先，分析过去，就是跟客户分析损失，比如问客户："如果您的公司前一年已经达到比较理想的状态，您觉得会多赚多少钱？"而对比现实后，客户就会意识到自己这一年的损失有多大。如果现在再不解决问题，公司的经营状态就会越来越糟糕。

接下来，我们再跟客户分析未来，也就是现在遇到的困难还要持续多久。当然，如果不去解决，问题肯定永远存在。这是为了让客户意识到，不去解决问题本身就是个很大的问题。

很多销售在跟客户沟通这些问题时，习惯告诉客户：你购买了我的产品或服务后，公司经营可以得到哪些改善、获得哪些收益等。但笔者认为这种方法并不可行，我们应该用损失的形式把客户收益包装起来。也就是说，你要让客户自己意识到解决问题的急迫感，如果不尽快解决，就会继续造成多大的损失。客户什么时候最容易做决策？就是当他意识到自己公司的损失一直在持续，那一刻的行动力是最强的。所以，你不但要对客户说你的产品能给他带来哪些好处，还要告诉他："如果眼下的问题不解决，您不但现在有损失，明天的损失会持续增加。"这样就在向客户强化一个意识：你过去已经损失很多了，现在不改变，未来只会损失更多。在客户认同这一点的基础上，再帮他展望未来。

当然，在这个过程中，你可以向客户提出自己的产品或服务可以为客户带来哪些收益，或者能帮客户克服哪些困难，继续加强与客户的深度合作。如果有其他的外部资源能为客户提供帮助，让客户摆脱经营困境，你也可以帮他引入。这不但可以加深你和客户间的彼此信任和情感联结，还能让客户对你充满感激之情，一旦客户摆脱了经营困境，就一定会成为你最忠实的客户，甚至为你介绍更多的新客户资源。即便你对他的帮助有限，他也会对你的真诚帮助而心怀感激，因为你为他提供的指导型情绪价值要比你在生意上给他多大优惠更让他记忆深刻。

03 客户需要外部输入,提供分享型情绪价值

很多时候,客户从不同厂家购买的产品或服务可能是一模一样的,但提供产品或服务的人不同,客户产生的感觉和情绪就会不同。比如,你比你的竞争对手更加重视客户,对客户满意度更加关注,为客户提供的服务也更好,客户心里自然更偏向你一方,遇到了什么难题、困难等,或者需要什么帮助时,也会先跟你沟通或向你寻求帮助。简而言之,你有多重视客户,客户就有多重视你。

以前笔者经常跟团队中的销售人员说,我们要把自己当成客户的"服务员",不但向客户销售产品和服务,还要让客户感受到销售人员是实实在在地为他服务,是真真正正地想他所想、急他所急,帮助他解决问题,摆脱烦恼。不管是公司的销售管理层,还是普通的销售人员,都应该抱着这样的观念面对客户。

笔者曾看到过这样一个销售案例：

有一位销售商务软件的销售人员给客户打电话，了解软件的售后使用情况，并趁机向这位客户销售其他设备。

他在电话中是这样对客户说的："您好张总，我是××公司的小李，是您的销售代表。您上个月购买的财务软件现在运行得怎么样呢？……很好，那就好。我打电话给您主要是想做个自我介绍，以便您后期有问题随时联系我。另外，我们这里刚刚到了一批硬件设备，性能很好，价格优惠，简直是物超所值……"

经过十几分钟的沟通，最后这位销售人员未能把其他设备卖给这个客户。

其实仔细分析一下就会发现，销售人员在跟客户沟通时，并没有真正关心客户的利益，而是只想着怎么把其他设备再卖给这个客户。这很容易让客户产生抵触情绪，继而直接拒绝购买产品，甚至到后期都不愿意再继续购买。

如果不想让客户产生这种情绪，销售人员在与客户沟通交流时，就要让客户感觉你是在为他服务，而不仅是为了销售产品。尤其在客户经营和发展过程中的确需要一些外部输入,以便让自己发展得更好的时候,更需要我们有技巧、有策略地向对方分享产品或服务,告知对方我们的哪些产品和服务可以满足他的需求,让客户在某方面获得更大的发展等。简而言之,此时我们要为客户提供一定的分享型情绪价值,让客户感觉我们是在把好的东西分享给他,而不是只想把产品或服务推销给他。

所以,针对上面的案例,笔者认为如果销售人员换种方式与客户沟通,可能效果会更好,比如:

"您好张总,我是××公司的小李,两周前我们刚刚开始了愉快的合作。现在这个电话是我们的售后服务电话,您在使用新系统过程中出现任何问题都可以拨打这个电话,我们售后人员会第一时间上门为您修理。这周您的新系统运行得怎么样?工作人员在学习中需要什么支持系统?……如果共用一个系统的话,效率可能会低一些,我们之前有客户遇到过这样的问题,后来我们帮他进行了改进……要支持未来的运行环境,可能也要添加一些设备,我们这里倒是有,价格是××……确实不便宜,但他们用着效果确实不错,您目前有这方面的预算吗?或者需要我先帮您做个预算吗?……"

对比两段对话就能看出，在第二段对话中，销售人员一直站在客户的角度，向客户分享其他客户对该设备的使用情况，同时肯定了客户的顾虑，就是价格偏高。而顺着这个思路，他进一步提出为客户做一下预算。这样的沟通方式会让客户强烈地感觉到你在为他着想，客户心里也会感觉很舒适。如此一来，你为客户提供的正向情绪价值就发挥了作用。

很多时候，即使客户有某方面的需求，需要外部的输入，但因为缺乏对产品或服务的全面认知，或者对销售人员的不信任，也会有所顾虑，不愿意做出成交决策。其实换位思考一下，客户有顾虑也很正常，毕竟成交是需要建立在信任的基础之上的。如果客户感觉你只想卖给他产品，而不关心他的使用情况，他自然难以对你产生信任感，也不会轻易做出成交决策。

那么，面对这种情况，我们应该怎样为客户提供分享型情绪价值呢？

根据多年的销售经验，笔者向大家推荐一个非常简单的分享原则——"3F"法则，即Feel（感受）、Felt（觉得）以及Found（发现）（如图4-1所示）。

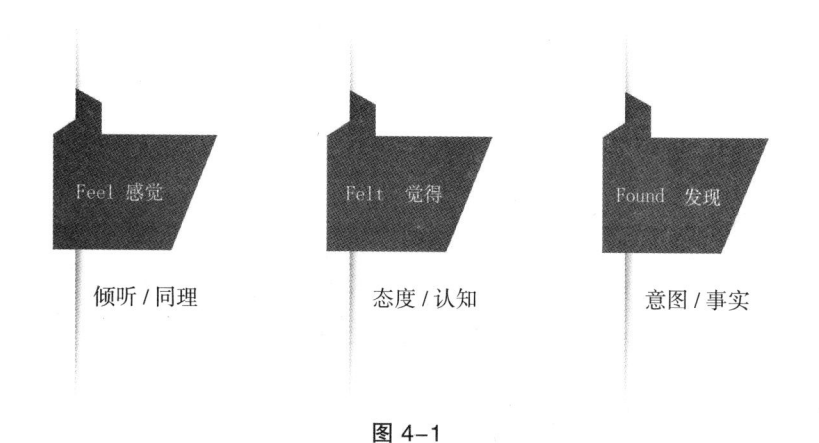

```
Feel 感觉          Felt 觉得          Found 发现
倾听/同理          态度/认知          意图/事实
```

图 4-1

"3F"法则的原理是指销售人员在与客户沟通时,如果客户提出某些需求或疑虑,或者希望得到某种帮助,以及更好的产品或服务等,销售人员就可以运用这种方法。

一、Feel(感受)

Feel 的意思是"感受",也就是我们先理解客户当下的感受。比如,当客户向我们倾诉当下经营的烦恼,或者分享产品和服务使用中的一些问题时,我们可以这样告诉对方:"我很理解您现在的感受,这确实让人烦恼。"或者:"如果我是您,我也会有这样的感觉。"也就是用同理心共情客户的感受,消除客户的戒备心。

二、Felt（觉得）

Felt 的意思是"觉得、认为"，也就是与客户分享一些成功的案例，以此阐述其他客户之前有过与该客户相同的经历或感受，或者就此表示我们也有与客户相同的感受和看法。把这些分享给客户，不但能拉近与客户间的距离，还能为客户提供一定的情绪价值。

比如，我们在表达对客户经历和感受的理解后，接下来就可以说："我们之前有不少客户都遇到过与您一样的问题，比如××集团的李总最开始就在这个问题上纠结了很长一段时间……"

三、Found（发现）

Found 的意思是"发现、发觉"，也就是告诉客户，其他客户在运用某种策略或方法进行改进，或者试用了某种产品和服务一段时间后，最终获得了什么样的改变和提升。也可以向客户分享其他客户在试用了我们公司的产品或服务后，给予了我们什么样的评价等。

仍旧回到上面的案例，当销售人员将其他客户的经历分享给该客户后，接下来可以继续说："不过，在他们和我们合作之后，都发现这个产品使用效果很不错，虽然价钱偏高，但钱花得很值,因为我们的产品和服务效果确实比其他公司好得多。昨天李总还跟我进行了沟通,表示服务到期后会跟我们续约。他之前合作的企业虽然报价比我们低,但效果不如我们的好,而我们的服务是目前最让他满意的。"

将其他客户的评价间接地分享和传达给当前的客户,要比销售人员直接说自己的产品或服务有多么好更有价值,因为这样的方式让销售人员从客户对面走到了客户身边,让客户明白你在急他所急、忧他所忧,希望他可以尽快变好,所以才愿意把好的经验和方法分享给他。这种分享型情绪价值大大增强了客户对销售人员的好感和信任。从本质上说,这种方法是巧妙地运用了心理学上的从众心理,帮助客户间接地获得了他人的经验,打消了疑虑,为最终的签单奠定了基础。

04 客户愿意分享和输出，提供陪伴型情绪价值

根据马斯洛需求层次理论，每个人自下而上都有对生理、安全、爱和归属、尊重、自我实现五种层次的需求。并且，人们只有在自己低层次的需求获得满足之后，才会去追求更高一层次的需求，而"分享和输出"就是人在得到"生理、安全"的两种层次需求满足之后，进而去追求其他三种更高层次需求时所表现出来的一种行为。

对于销售活动中的客户来说，他愿意与销售人员分享和输出自己的想法、感受、意见等，不管分享和输出的是什么内容，都表明客户在销售人员面前是感到安全的、舒适的，并且曾经从销售人员这里获得了自己期望的价值，所以才会在销售人员面前产生更高一层次的需求，或者表现出一些其他的个人动机。

根据个人的销售经验，笔者认为，客户愿意在销售人员

面前分享和输出,其所表现出来的个人动机主要表现在五个方面。

第一,标榜自我的动机。即客户期望通过分享和输出一定的内容来为自己标榜具有某种特质的形象,让人觉得他是个有趣的、热心的、时尚的、知识渊博的人等,并以此抬高自己在供应商和销售人员面前的价值,期望得到供应商和销售人员的重视。比如,以前经常有客户跟笔者分享一些他们自己的创业经历、经商故事等,而笔者也会积极地表现出对他们的赞赏和认同之情。

第二,拓展或维系关系的动机。客户有目的地分享一些内容,目的是与销售人员维持旧有关系,或者期望拓展新的关系等。比如,有些客户在跟销售人员分享一个话题或一种想法后,会请销售人员向更专业的人进行咨询,以此来验证话题的正确性、想法的合理性等;有些企业还会经常开各种分享交流会,这些都是为了发挥企业之间交流合作的桥梁纽带作用,与更多企业或优秀的个人建立联结,互通合作。

第三,利他动机。利他是出于自觉、自愿的一种亲社会行为,以利他为动机的分享行为是通过分享一些有价值或有趣的信息来给其他人,以期望自己的分享能给他人带来帮助和快乐。我们经常看到一些企业网站中有各种各样的小窍门或搞笑的小段子等,这些都是出于利他动机的分享和输出,但最终目的通常是吸引更多的用户关注企业的产品和服务。

第四，呼吁或倡导的动机。它指的是分享者会通过分享包含有自己相应态度（支持或反对）的某种观点、某个事件、某项活动等呼吁或倡导其他人能与自己一起对这些观点、事件、活动等保持相同的态度或行动。比如，现在微博当中常见的一些公益活动宣传呼吁等，都是带有一定的呼吁和倡导动机的，但目的也是吸引更多用户的关注。

第五，自我实现的动机。这种动机与标榜自我的动机类似，都属于一种对自我行为意义的定义，但区别在于，自我标榜面对的对象是其他人，而自我实现面对的对象是自己。也就是说，当一个人认为自己正在发挥某种潜力，或是正在体现自我价值，他在某些方面就获得了存在感或成就感。

针对以上客户的五种动机，销售人员一定要巧妙处理，最好能够适当为客户提供陪伴型情绪价值。也就是说，当客户急切地想要分享和输出自己的某些观点、内容，或者想要展示自己的某种动机时，我们要给予其耐心的陪伴，比如一边陪客户吃饭，一边听客户的分享，并不时地与客户互动，表达认同、支持等态度。这时，销售人员为客户提供的就是陪伴客户打发时光或展示自我的情绪价值。当客户从你这里获得了良好的陪伴型情绪价值后，他们与销售人员的黏性就会增加，对销售人员也会更加信任，从而更愿意与销售人员保持长久的合作。

但是，我们也看到，有一些销售人员做不到这一点，也不知道如何更好地处理与客户的关系。平时约客户谈项目，谈完就走人，一句"废话"都没有，和客户的关系比较冷淡，仅仅在需要沟通业务的时候才能搭上话。这种冷冰冰的关系肯定不利于信息的深入沟通和项目的深度合作。著名哲学家约翰·杜威说过："人类天性里有一种最深的冲动，就是希望具有重要性。"

那么具体来说，销售人员怎样为客户提供陪伴型的情绪价值呢？

一、让客户体会到你对他的重视

每一位客户都渴望得到销售人员的关心和重视，渴望获得适合自己并能为自己带来价值的产品或服务。如果客户能够感受到销售人员对他的重视和关怀，就会心生感动，认可你这个人，信任感油然而生。随着双方关系的逐渐升温，你与客户之间洽谈的项目的阻力会逐渐减小、消失，你签单的概率也会大大增加。

有一次笔者去星巴克点了一款咖啡，但这种咖啡有两种状态，一种是热的，一种是冷的，笔者当时没注意，就点了杯热的。结果服务人员端上咖啡后，我发现自己并不喜欢，便告知服务人员，服务人员立刻微笑着说："没关系先生，我们马上去给您换一杯冷的，请稍等一下。"

虽然只是一件小事，却让我既感受到了星巴克良好的服务，又感受到了星巴克对客户的重视，以后自然愿意再去消费。

在销售当中也是一样，如果销售人员能与客户建立这样的关系，你不但能多拿订单，还能与客户成为很好的朋友。

二、适当运用"恭维"的技巧

中国有句古话叫"和气生财"，意思是待人接物和善可以招财进宝。从心理学上说，我们也喜欢与那些脾气好、与人为善的人打交道，因为这种人比较好说话，凡事都会耐心地商量着来。而从客户的角度来说，他们也愿意与这样的销售人员打交道，这不但能减轻他们的心理压力，让他们可以更加充分地表达自己的需求，不理解、不明白的地方还能随时提出来，销售人员也愿意耐心地解决。如此一来，双方的沟通就很充分，项目把握性也更高。除此之外，客户还愿意把自己对项目或其他事件的一些想法、感受、观点等传达给销售人员，因为他在销售人员面前感到安全、放心，知道销售人员会很真诚地与自己沟通，所以也更愿意分享和输出自己的想法。

这就提醒销售人员，在跟客户沟通时，一定要做个耐心、和气、好说话的人，必要时甚至可以恭维客户一下，给客户戴戴"高帽"，让客户感到舒服，这对于加深双方的关系大有裨益。

比如说，在介绍产品的性能时，如果销售人员介绍得很详细，客户可能很快就理解并掌握了要点，并向销售人员表达了自己的理解。这时，销售人员就可以回一句："您的理解力真的很强，很多客户我都要讲很久才能明白！"表面上看，你只是在陈述一个事实，却从侧面恭维和表扬了客户，客户内心一定会产生优越感和愉悦感。这时，你为他提供的情绪价值就到位了。

当然，恭维不是逢迎拍马，如果显得太刻意、太夸张，反而会引起客户反感，觉得你太虚假了，最重要的是适时、适度、不留痕迹，却能让客户心生愉悦。

三、反对时尝试换种说法

面对客户的分享和输出的内容，销售人员难免会有不认同的地方。有些销售特别喜欢否定客户，尤其在发现客户分享的内容或观点中有错误时，立刻就会指出来，以彰显自己的博学广识。

比如，他们喜欢跟客户说，"不，不，不，张经理，您这样理解是不对的!""不是的,李先生,我们不能这样认为,我觉得……"接下来,他们可能会补充对方的观点,也可能说出与对方观点完全相反的内容。总之,就是不断地否定客户。

试想一下,如果你在与人沟通时,对方不断否定你,指出你的观点是错误的、你的说法是不全面的,你还愿意继续与对方分享和输出你的观点和内容吗?笔者相信一定不会。

同样,在与客户沟通时,销售人员如果发现客户分享和输出的观点确实有问题或不全面,即使想要纠正或补充,也要注意自己的表达方法,最好先肯定客户的分享,然后去延伸补充。

比如,你可以跟客户说,"您这个观点很新颖,我还是第一次听说,我一直以为……""您的看法很独特,我从来没想过,我的理解是……"识趣的客户在听完你的分析后,自然就清楚自己说得不够准确。但即便如此,他仍然会肯定你的态度,还对你给他留面子的行为表示感激。

在生活中,我们喜欢有朋友陪伴在身边,一起天南海北地聊天,其间会彼此分享一些内容和观点,通常会聊得很开心,友情也会进一步加深。同样,如果我们把客户当成朋友,真诚地与客户交流,倾听客户分享和输出的一些与业务有关或无关的内容,我们就满足了客户陪伴型情绪价值的需求。

这就像全球销售畅销书《销售圣经》的作者、著名销售专家杰弗里·吉特默说过的那句话:"人们更愿意从朋友而不是销售人员那里买东西!"

05 客户心怀梦想，提供自我实现型情绪价值

根据马斯洛需求理论，人类最高层次的需求就是自我实现的需求。对于自我实现，我们可以认为它是对于自我发挥和完成的欲望，是一种使自我的潜力得以实现的倾向。这种倾向能让一个人越来越成为独特的人，成为他想要成为并能够成为的那个人。如果我们把这种需求放在客户身上，那么就是客户的职业发展、学术地位、社会声望、特殊荣誉、个人理想等得以实现，客户也从中获得了巨大的满足感和成就感。

举个例子，山东的一个福田卡车代理商在一次交易中一下子卖掉了50辆液化天然气卡车，每辆车的卖价更是比普通燃油卡车高出12万元。这还不算，不久后，这个客户又追加了25辆。后来了解到，该客户是国内石化行业的大型物流公司，由于在运输价格上竞争不过中小型物流公司，公司濒临

亏损，客户甚至打算退出物流市场了。但考虑再三，这个企业的老总还是决定放手搏一次，于是决定引进液化天然气卡车，因为这种卡车的燃料成本比普通卡车的燃料成本每公里可以节省1元。按现有行驶里程计算，一辆车一年可节省12万元的油费。如此一来，客户就可以同那些中小型物流公司抗衡了。而他们也的确做到了，很快就打败了那些中小型物流公司，打了个漂亮的反击战。

从企业利益层面来看，客户决定购买液化天然气卡车是为了获取竞争优势，也就是战胜那些中小型物流公司，这是客户买车之前最大的梦想。但当客户购买新车后，由于提升了企业市场竞争力，最后让企业实现了扭亏为盈，企业老总也因此成了企业现代化管理转型的标杆，声望大大提升。这就是让企业老总获得了自我实现型的情绪价值。在这种情绪价值的影响下，企业老总也会更有信心、更有动力将企业经营得更好。

你看，这就是自我实现型情绪价值的作用。销售人员在面对客户时，如果也能为客户提供这种情绪价值，不但能在一定程度上帮助客户提升自己，还能让彼此间的关系更加亲近，为日后的合作奠定坚实的基础。

笔者的一位朋友曾给笔者讲过这样一件事：

他以前是一名医药代表，有一次，他到一家世界知名制药企业授课,在这期间了解到,医院的一位科室主任对他所推荐的一款新药很认可,但又有些担心该药的治疗效果,毕竟治好患者是医生应尽的责任,而一旦治不好,就可能变成医疗事故。

了解到科室主任的担忧后,笔者这位朋友表示了理解,但在与科室主任沟通中,他又了解到,这位科室主任当时刚好有要发表论文的计划。抓住这个机会,他向科室主任建议,可以对使用这种新药的患者进行长期跟踪并作为论文的使用案例,这样不但让论文有了亮点和高度,更重要的是,这对提高这类患者的治愈率会有很大帮助。

科室主任经过认真思考后,接受了笔者朋友的意见,并且后来还因为相关论文获了奖,非常开心。当然,后面他们科室也顺利地跟笔者朋友签了合作协议。

笔者朋友为这位客户所提供的同样是自我实现型情绪价值,它不局限于与客户当下的业务往来,而是在客户有一定的目标规划时,帮助客户实现与自己工作业绩、职业发展等有关的更高的追求与目标,并从中获得了巨大的成就感。试想一下,客户怎么会不愿意与这样的销售人员签单呢?

销售人员的产品或服务越能帮助客户实现自我价值,销售就越容易成功。如果你能在销售过程中抓住帮客户自我实现、提升自我价值的机会,一定要好好利用,并在自己能力范围内给予客户积极的帮助和支持，相信一定可以赢得客户的好感和信任。有了客户对你的好感和信任，下一步签单便会变得容易。

当然，要做到这一点不容易，具体我们可以通过以下两种方法进行尝试：

一、引导客户建立对实现梦想的渴望

销售人员有两个重要任务：一个是让客户购买产品，另一个是让客户购买自己的产品。

首先，让客户购买产品自然是在挖掘客户需求，这里又有两件事要做：一是让客户建立对实现梦想的渴望，也就是产生购买产品的动机。无论客户是想摆脱经营上的困境，还是想要获得更多的利益，都是在建设对未来和前景的渴望。二是要让客户明白，实现目标或梦想就要解决一些问题，排除障碍，而排除障碍的方法就是找到恰当的解决方案，获得解决方案的方法则是购买产品或服务。

其次，客户需要购买产品或服务，买谁家的呢？谁家的产品好、服务优就买谁家。那怎么来判断优劣呢？当然看供应商的产品或服务是不是符合自己的期望了。

所以，销售人员只需要让自己的产品或服务与客户的期望一致，就有可能促进客户购买。

二、"修改"客户的期望、动机与需求

有的销售人员可能会说:"如果我的产品或服务与客户期望不一致怎么办?那不就无法把产品销售给客户了吗?"

方法很简单,你只需要把客户的期望变成与你的产品或服务方案一致就可以了。

首先,客户有需求,才会有期望,需求决定了期望。而需求的重要性又是由动机决定的,不是所有需求都同样重要,不同动机决定了需求的重要程度,对动机影响越大的需求越重要。同样,需求一旦发生改变,客户的期望也会随之发生改变,但如果解决问题的方法更好,期望便有可能不会改变。所以,销售人员可以直接在客户期望层面上改变客户的期望,也可以在需求层面上改变客户的期望。

其次,客户动机是客户做出决策的最关键因素。面对同一个问题,客户可能认为这一个解决方案比另一个解决方案对当前更有利,而不是对满足需求更有利。比如,客户当前的动机就是打败竞争对手,这时企业的发展需求可能会放在后面。基于此,客户当前的动机就可以成为销售人员瞄准的目标,利用客户的动机来改变客户的期望,帮助客户解决问题,实现自我。

以笔者那位医药代表朋友的案例来说,科室主任的期望

原本是治愈更多的患者，但当这个期望不能马上实现，客户可能会拒绝笔者朋友所推销的新药。这时，笔者朋友就帮客户找到了另一个动机——对使用这种新药的患者进行长期跟踪，并作为论文的使用案例，发表论文。这样一来，这个动机就改变了客户原本的期望，使客户的期望变成了对新药的研究成功。而这一期望的改变也让客户重新产生了购买新药的需求。

　　我们常说，销售活动的基础是信任，而最好的信任就是去满足客户的动机；销售需要挖掘并满足客户的需求，而需求就是帮助客户发现问题，并促使客户解决问题、实现目标。这个过程就是在为客户提供自我实现型情绪价值，帮助客户构建新的梦想，并一一实现，让客户在这个过程中不但能获得一定的利益，还能不断体会到自我价值的实现。当客户从你这里获得了充足的成就感之后，自然会对你更加信任，未来与你的合作也会更加频繁。

06 让正向情绪价值贯穿整个销售过程

客户都是感性的,有时在购买产品时,既不购买性价比高的产品,也不购买投资回报率高的产品,而是购买他们信赖的产品。即使是在企业的大型采购中,客户比较理性,但在客户真正做出购买决定的时候,往往还是感性的。理性会体现在选品过程中,比如会对各个供应商提供的产品进行慎重调研,全面深入地对各种产品进行比较,而最终做决策时,理性还是会服从感性。

这就提醒我们,在销售过程中,能够为客户提供情绪价值,能够站在客户角度去思考问题,体会对方当下的心境,往往更容易受到客户的欢迎和信任。客户不但要购买你的产品和服务,满足自己的需求,还需要在选购和决策过程中享受到你为他提供的正向的情绪价值,这样才会让客户在产品和服务体验上更加愉悦,为成交提供可能。

举个例子，前段时间笔者去商场买衣服，在一家店里看到一款西装，很喜欢，就拿起来试了试，感觉确实不错。但笔者当时还想试试别的，就放下第一款，又试了另一款，感觉还是不如第一款更合心意，笔者又回过头重新试了第一款，还是感觉这件更满意。这时本来笔者准备付款了，忽然又看到一款也比较喜欢，就又试了一下，最后感觉仍然不如第一次试穿的那款，于是又返回来拿起了第一款。

就在这时，店里的导购走过来，很不客气地说："先生，您这款衣服都试两次了，效果也看出来了，确实不错。您如果想买就买，不想买就别总试了。"

笔者当时有些不解，反问她："在您店里买衣服难道不让试吗？"

她说："没说不让您试，但您反复试穿了好几次，如果不想买，不就白试了！"

笔者听了她的话，原本想要购买的欲望一下子没有了。笔者立刻放下衣服，去了隔壁的店。隔壁导购员很热情，笔者挑选和试穿衣服时，她也一直笑脸相迎，弄得笔者都不好意思了。导购员说："您别客气，我的任务就是配合您试穿，帮您选到您心仪的衣服。即使您最后不买，有顾客光顾我们的店，就是我们的荣耀。"

这几句话一下子扫除了笔者在前一家店产生的不快，心里立刻舒坦起来，最终笔者在这家店里买了一款西装。虽然这款西装不如笔者在第一家店试穿的那款更合体，但导购人员的话让笔者心情舒适，笔者也愿意为此买单。

你看，有时客户做出购买决策并不完全是因为你的产品足够好，而是因为他从你这里获得了正向的情绪价值。客户感觉到快乐、愉悦，有了自我认同感，即使你的产品或服务没那么好，他也愿意和你成交。

在很多销售活动中，尤其在大型采购中，客户对即将选购的产品持谨慎态度是很正常的。尤其在供货商较多的情况下，客户更会认真谨慎地对各家产品进行对比，最后选择最符合自己期望的厂家和产品。同时，即使在购买完成后，客户使用产品时也会抱着谨慎的态度，对产品的真实性能、售后服务情况等进行多方面的考察和比较，以此作为是否会复购的参考。

所以，在销售过程中，销售人员不仅要在售前与客户建立融洽的关系，帮助客户全面了解自己所推销的产品和服务，还要确保产品和服务在使用过程中满足客户的需求和期望，同时要做好售后服务，为客户的复购做好准备。简而言之，销售人员要让正向情绪价值贯穿整个销售过程，从对客户的邀约、与客户的触达到对产品的介绍、方案的解释，再到后期的谈判、成交、交付、售后等整个过程，都要为客户提供积极的情绪价值，让客户对整个购买过程感到开心和满意。这样，客户才会认为自己选择与你交易是一个正确的决策，自身才会产生认同感和价值感。

具体来说，销售人员在销售的整个过程中要注意下面三点：

一、销售前，让客户体验到优质的产品，感受到真诚的服务

中国有句老话叫"嫌货才是买货人"，越是一开始挑剔的客户，往往越是对我们的产品或服务感兴趣的客户，同时能证明我们的产品或服务正是市场所需求的。

所以，销售人员在刚刚触达客户时，如果客户对你的产品或服务提出任何质疑或不满，或者对你的销售模式、表达方式等表示不理解、不明白时，你要积极、热情、耐心地为客户解释清楚，并引导客户看到你的产品与服务的品质和优势。同时，你还要向客户传达这样一个理念：客户能够关注到你的产品，说明你的产品或服务是很优质、很吸引人的，但更说明客户是有眼光、有品位的。

简而言之，就是提高客户的自我认同感，让挑剔的客户对你的产品和服务感到满意和开心。人们总是喜欢与能让自

己开心、舒适的人相处，如果你能找到让客户满意、舒适的点，就能在更大限度上取得客户的信任和认同，并让客户成为你企业的产品和服务的忠诚拥护者，同时能为企业和产品建立良好的市场口碑。

二、销售中，销售人员主动寻求"加分"机会

在为客户提供产品和服务过程中，销售人员还要主动寻找能够为客户情绪"加分"的机会。

比如，在合同谈判时，双方同意的产品交付时间为三个月，如果你能提前到两个月交付，客户肯定会很满意。又或者你把客户很喜欢的一位专家或技术人员引入实施队伍当中，也会让客户感受到你的用心。凡此种种，都可以让客户产生"喜出望外和锦上添花"的感受，获得正向的情绪价值。

以前笔者在培训销售人员时，曾向他们推广过一个让客户更加满意的方法，就是让他们在每一个重要客户的某个购买环节中，寻找到一件对客户有价值的又能超出客户期望的小事来做。

这种做法也叫"SET/MET"，意思是"建立/然后满足客户期望"，它主要包括四个步骤：探索（Explore）、承诺（Promise）、行动（Action）和评估（Assess）。销售人员可以事先通过观察、与客户沟通等了解到哪些"小事"能够提

升客户满意度。当销售人员找到这样的"小事"后，便与客户一起定义"小事"的内容和标准，并承诺在一定时间内完成。此后，销售人员再与公司沟通，尽可能地去满足客户的这些小需求。这样的"小事"一般是在公司能力范围之内的，所以实施起来并不会太难，却可以让客户满意度大大提升，情绪价值也会随之提升。

通过"SET/MET"的做法，我们解决了销售过程中的一些经常出现的问题，如一些屡次导致谈判无法顺利进行的商务条款、产品运输规格的标准、某些一直遗留的小问题等。更重要的是，这让客户看到我们没有等到问题出现才采取补救措施，而是平时就在积极改善，把与客户关系的维护建立在平常的日子里，一直在为提升客户满意度而努力。单就这一点，大多数客户会给予"加分"，而不在意具体的"小事"究竟是什么。

三、销售后，把好"最后一道关"

一般来说，在成交之前，销售人员最关心的是如何成功拿下客户，签下订单。而在成功签单之后，一些销售人员对于产品的交付及售后服务就没那么上心了，总想着如何去开发下一个客户，签下更多的订单。

但是，从客户满意的角度来说，此时仍然有很多变数，比如交付的时间计划、部署实施是否顺利、技术使用问题的支持是否有效和及时等。这些都需要销售人员持续关注，才能真正为客户提供正向情绪价值，保证客户满意。

所以，优秀的销售人员不会因为已经签下订单就忽略上述问题，而是会确保通过服务、技术支持等内部资源，为销售把好"最后一道关"，做好产品的交付和服务工作。在此之后，销售人员还要积极关注客户反馈，了解客户对产品或服务的使用体验，对于使用过程中产生的问题更要积极处理。这些事情都做好，才能真正让客户满意，赢得客户信赖，提升客户的正向情绪价值，使客户产生复购的欲望。

第五章

营造积极健康、利于成交的客情关系

什么是客情关系？简单来说，就是指企业、销售人员与客户之间建立起来的持久的、相互信赖的、具有巨大商业价值和个人价值的情感联系。它是销售关系中最复杂也最有说服力的一种关系，决定了你的品牌、产品、服务等在客户心目中的形象和价值，同时决定了客户买单的可能性。因此，企业和销售人员在面对客户时，一定要善于营造积极健康、利于成交的客情关系，为长久的合作打下坚实的基础。

本章要点：

- 与客户营造积极、健康的客情关系，彼此包容、彼此接纳，与客户共同成长。
- 在与客户沟通时，善于放大彼此的优势，可以让客户获得极大的安全感。
- 能够与客户主动分享内心的感受与情绪，更容易赢得客户的信任。
- 客情关系很重要，但不要陷入误区。真正的客情关系应该是充分尊重客户，视客户为平等的合作伙伴，确保客户的合理利益，为客户创造价值。

01 包容接纳、共同成长，让客户了解和接受

在传统的销售方法论中，企业与客户的关系并不广泛、深入和持久，导致企业只能卖出简单的产品，无法提供完整的解决方案，对客户的实际需求也不能及时把握。这就使得企业的销售利润下降，无法提供充足的利润空间发展客情关系，最终让企业的销售和服务陷入一种不良的循环之中。

这也从侧面表明，客情关系已经变得越来越重要，甚至是销售成功的基石。如果客户和企业之间缺乏信赖感，客户展现给企业的只会是简单的表面信息，不会跟企业讲心里话；或者只是告诉企业一些简单的采购信息，而不告诉你购买的动机；同时客户也不会告诉你，你的竞争对手都做了什么。更重要的是，客户不会告诉你他心中的顾虑和担心，让你无法有针对性地改善自己的产品和服务。

不过，也有一些企业和销售人员对客情关系的认识有误

解，认为客情关系就是请客户吃喝玩乐。一些企业在招聘销售人员时，甚至要求销售人员必须有"酒量"、会应酬。在企业的营销费用中，用于客情关系的费用赫然在列。

这样的客情关系在短期内可能有效，但长期效果并不好，甚至会起到反作用。因为客户最终看重的仍然是企业的实力、产品的性能和服务的质量，这才是建立客情关系的基础。简而言之，真正意义上的客情关系，前提在于对方是客户，你与对方之间要存在"商务关系"，之后才是主客之间的"私人关系"。超越或忽略了"商务关系"，"私人关系"可能就不复存在了。

笔者有一位朋友在一家大型食品企业公司担任销售经理，他们企业在当地有个强劲的竞争对手。他刚刚被调到该地时，肯定是人生地不熟，对客户也不太了解，而竞争企业中有一位销售员在当地已经深耕多年。有一天，笔者朋友联系上一位客户，在拜访客户时发现，该客户与竞争对手的公司已经有了比较深入的合作，属于是有一定客情关系存在的。

事情发展到这里，你可能觉得笔者这位朋友要拿下这个客户，跟对方公司建立合作关系几乎是没可能了，而事实情况却是笔者朋友多次与客户进行沟通后，最终客户被他的真诚打动，成了他们公司一个长期稳定的大客户。

笔者这位朋友是如何做到的呢？

其实他通过与客户沟通了解到，客户与竞争对手公司合作的主要原因是被他们的政策吸引，并且对方的销售人员经常请客户吃饭、给客户送东西。可是在第一次打款后，对方的销售人员就不再与这位客户进行更深入的沟通和维护彼此关系了。所以，双方虽然建立了一定的客情关系，但这种合作和客情关系显然是不稳定的。在这种情况下，笔者的朋友不但真诚地与客户沟通，将自己公司产品的特点、优势等都展示给客户，甚至把产品的一些不足也告知客户，态度非常坦诚，因而赢得了客户的好感，双方达成了第一次合作。之后，笔者朋友又积极跟客户策划下一阶段的营销方案，帮助客户增加产品销量，让客户对他越来越信任和依赖，他也逐渐与客户建立起了稳定的合作关系。

通过这个案例就可以看出，健康、良好的客情关系永远都是销售的基础，但长期有效的客情关系更为重要。案例中笔者朋友的竞争对手一开始虽然已经与客户建立了合作，且有一定的客情关系，但这种客情属于"短期客情"，很难长久维持。真正有效的客情关系应该是持久的、长期的，并且双方能够互相包容接纳、共同成长，能够一起为每一次合作而努力，这样才能实现彼此的共赢。

彼得·德鲁克在《卓有成效的管理者》中讲到，面对客户时，不要问自己做了什么，而要问"我贡献了什么"。也就是说，我们除了为客户提供产品和服务，还能为客户提供什么价值和贡献。当我们可以为客户解决一定的问题，贡献一定的价值，并且带领客户一起成长后，即使你不千方百计地与客户建立客情关系，客户也会主动与你"套近乎"。

根据多年的销售经验，笔者认为，要与客户建立一段健康、良好的客情关系，我们可以从以下三个方面入手：

一、尊重并欣赏，坦然地接受对方

霍桑效应告诉我们，当人们意识到自己正在被关注或被观察的时候，就会刻意去改变一些行为或是言语表达的效应。在销售过程中，有时客户可能会对产品或服务感到不满意，并通过语言和行动表现出来，对产品和销售人员产生抱怨和质疑。这时，很多销售人员会认为客户是在无理取闹，或者认为客户不识货，于是不想继续跟客户沟通了，一笔生意可能就此泡汤了。

实际上，客户也不喜欢这样的销售人员。客户在选购产品或服务的过程中，既是在选择产品和服务，也是在选择销售人员对他们的态度。如果销售人员在与客户沟通过程中，能够表现出对客户的尊重、欣赏、关心甚至崇拜，坦然地接受客户的批评、质疑、不满，反而更容易赢得客户的好感。在客户对我们产生好感之后，我们的一切建议、方案，以及后期产品和服务才更容易推介进去。

日本著名跨国公司松下电器的创始人松下幸之助就认为，销售人员在与客户打交道时，不但不要厌烦客户的抱怨，反而要欢迎，因为这是企业提升自我的良机。他曾经告诫下属，要感谢那些投诉他们的客户，有些客户用完产品后不满意，又怕麻烦或不好意思投诉，但心里却对企业进行了否定。所以，销售人员一定要热情礼貌地对待有抱怨和不满的客户，耐心倾听他们的意见，并在尽量减少损失的前提下满足客户的部分需求。如果能让挑剔的客户也满意而归，企业将受益无穷，因为满意的客户都是义务宣传员加义务销售员。

二、包容和接纳，让双方更加真实

以前笔者在培训销售员时，要求销售人员面对客户时一定要真实、坦诚。有些销售人员很不理解，就问笔者："面对客户时，我们不是应该尽量把自己的产品和服务往好说，而把缺点和不足掩饰起来吗？这样才更容易拉来客户啊！"

短期来看，这种方法确实有一定效果，但从长期来看，一旦客户发现销售人员对产品或服务的某些缺点和不足有所隐瞒，就会产生被欺骗的感觉，从而对该产品和销售人员的印象大打折扣，甚至因此拒绝再次合作。

在销售过程中，销售人员切忌利诱客户，而应尊重他们的情感，尤其客户提出的多方面的疑虑和意见。在产品或服务质量上，销售人员可以适当表示出对客户所持观点或意见的认同，甚至主动承认自己的产品或服务中存在的一些不足。如果你所说问题对于客户使用无伤大雅，客户是完全能够接受的。比如，"这款产品质量虽然是一流的，但款式上不太时尚，这是我们需要改进的地方。""这项服务肯定没问题，您放心使用，就是价格方面略高了一些。"

当客户感受到你的坦诚后，对于那些不影响使用的产品缺点也会包容和接纳，同时更愿意跟你分享自己的真实需求，比如现在他的企业经营现状如何、团队情况如何、希望找到什么样的供应商来解决哪些问题等。在这种互相坦诚的前提下，我们不但能赢得客户的信任，还能更加深入地了解客户需求，继而为客户提供更有针对性的解决方案，达成良好的合作。

三、毫无保留地分享，彼此共同成长

很多人听说过"小鹅通"这款知识产品与用户服务私域运营工具，其实开始时它就是一些自用工具，后来才逐步提供给客户使用。

为了让客户直播时有更多的转发量，被更多人看到，小鹅通在企微助手里做了一个全员任务功能。每次直播前，企

微助手就给所有员工发布任务，大家在其中下载带有自己专属二维码的宣传海报，再分享到不同的社交平台。如果有人通过该二维码进入直播间，这名员工就能得到想要的积分奖励。

在这种运营模式下，越来越多的客户开始使用企微助手，并且都获得了较好的传播效果。为了提高客户的运营水平，2021年，小鹅通又开通了两档直播节目，分别叫《老鲍对话标杆客户》和《客户运营》。其中，前者通过邀请标杆客户来现身说法，分享成功方法论，帮助更多客户提升运营水平；后者则由小鹅通的运用人员来拆解成功案例，以此帮助更多客户解决运营难题，协助客户打造自己的私域力量。

这种客情关系就是建立在客户与企业间充分信任的基础之上，继而才实现了毫无保留的分享，促进彼此间的共同成长与进步。当然，要实现这一点，必定需要客户对企业有着充分的了解和信任，才愿意和企业一起前行，努力去实现双赢。

02 放大彼此优势，互为助力，让客户获得安全感

在很多销售人员看来，跟客户套近乎就能让自己跟客户的关系更亲近。殊不知，这只是销售人员一厢情愿的想法。套近乎只会让销售人员自己感觉良好，有时客户可能并不想跟你走得太近，甚至会因此感到反感和不安。

心理距离和身体距离一样，都是需要有一个安全范围的。你在心理上刻意去讨好客户，与身体的靠近一样，都会让人感觉不适。所以，真正与客户建立良好的关系并不是刻意地与客户套近乎，而是给客户一个安全的心理范围，也就是我们常说的"安全感"。

对于客户来说，与企业或供应商之间建立良好的关系，目的就是获得有针对性的、可以解决自己经营中遇到问题的

有效方案，为自己带来更多的利益和价值。而销售人员过于热情、套近乎反而容易让客户觉得销售人员不够诚实或另有所图，甚至认为销售人员就是千方百计地想赚自己的钱，对销售人员产生防范心理。防范心理是人的本性，两个陌生人初次交往都会紧张，这当然也会发生在销售人员与客户之间。一旦客户对销售人员形成了这样的初步印象，后面的沟通便很难顺利进行了。

笔者在刚刚加入销售大军时，也接受了一些训练，这些训练就是让我们拿出野狼般的冲劲去面对客户，用气势"拿下"客户。现在看来，这种冲劲虽然勇气可嘉，可笔者渐渐发现，客户常常退避三舍，找各种借口躲着笔者。

发现这条路走不通后，笔者开始尝试用专业态度去面对客户。为了完成销售业绩，笔者几乎每天都奔波在说服客户的路上，口若悬河般地跟客户摆事实、讲道理，希望能用价格比较和价值优势来俘获客户的"芳心"。可笔者再次发现，客户会赞美笔者口才好，但就是不愿意跟笔者签单。

现在回过头再看那段经历，其实笔者犯了一个很大的错误，那就是主观地臆断我们卖的一定是客户需要的，一定是客户想买的，却从没有考虑过，销售是一种高级的人际沟通活动。我们只做好了怎样把产品或服务的优点展现给客户，却忽略了客户的真正需求。

不可否认，清晰明确、充满激情的产品介绍可以让客户快速、全面地了解你的产品，但如果你只是一门心思地凭借所谓的经验试图说服客户购买你的产品，而客户却不回应，那么原本是由两个人互相沟通的交易活动就变成了一个人的独角戏，你也无法成为能帮助客户解决问题、提升业绩的人。

　　所以，想要真正让客户接纳你、接纳你所介绍的产品或服务，就要通过恰当的方式为客户营造安全感，让客户对你产生信任，并通过各种方式及时消除客户的疑虑，与客户逐渐建立起彼此坦诚的客情关系。如果你表现得急于求成，反而容易增加客户的疑虑，让有可能建立的合作关系功亏一篑。

　　那要如何打消客户疑虑，让客户获得安全感，并愿意与我们建立良性的客情关系呢？

　　接下来，笔者分享三个有效的方法：

一、让客户产生确认感，并拥有选择权

　　很多时候，客户的不安全感来自对产品或服务选择的困惑和迷茫。也就是说，面对多家供应商提供的不同品牌的产品或服务，客户不知道该如何选择了，每家的销售人员都说自己的东西好、性价比高、值得购买。这时，客户就会感到心里没底，生怕自己选贵了、选错了。

　　面对这种情况，我们要为客户提供一个简单清晰而又易

于选择的产品信息和内容，让客户心里相对有底。客户只有在心里确认了产品是符合自己要求的，才会做出最终的选择。

比如，在一个家电卖场，一对老年夫妻要选购一台冰箱，销售人员没有直接给老人介绍产品的规格、型号、品牌价值、促销活动等，而是帮助老人反复模拟如何储存新鲜的食物，以及饮料啤酒该放在哪里，熟食、肉类要如何保鲜，甚至帮助两个老人分析米、面、油等日常必备食材的存放和保鲜方法。通过沟通，他还了解到，老人购买冰箱是希望孩子们在周末突然回来时能吃上新鲜的饭菜，而不至于在孩子突然回来时家里没菜，让老人措手不及。了解到老人的这些需求后，销售人员为他们推荐了几款性能差不多的冰箱，老人很快便选定了一款，高兴地去买单了。

那么，这位销售人员在跟客户沟通时，为什么不直接介绍冰箱的各种性能、价格，而是讲应用呢？

笔者认为有三点原因：

首先，面对客户时，直接推荐产品并不是最佳选择，而是先接受客户的犹豫和疑惑。客户的疑惑越多，就越想深入地了解产品，我们就越能了解客户的真实需求，最终成交的可能性就越大。

其次，给客户讲参数、性能等，他们并不一定都能记住，有些老年人可能无法理解，他们感兴趣的往往是如何在自己需要的场景中更好地应用产品。能让客户主动说出使用要求，我们再去为客户匹配产品，销售就会容易很多。

更重要的是，能够耐心地了解客户需求，并帮助他们找到满足这些需求的方法，可以让客户对销售人员产生信任感，觉得销售人员就是他们最靠谱儿的参谋。这时，销售人员再把不同产品的性能、特点等分别罗列对比，客户才能根据自己的实际需求很容易地做出选择，并且对自己的选择深信不疑。

二、主动袒露自己的弱点，放大彼此优势

有的销售人员担心自己把产品介绍得太过详细，尤其涉及产品缺点时，会打消客户的购买热情，所以与客户沟通时经常躲躲闪闪，希望客户不要注意到产品的缺点或问题。笔者认为这种方法是很愚蠢的，除非你只想跟客户之间进行一锤子买卖。

想要与客户建立长久合作，并拥有良好的客情关系，在介绍产品或服务时，如果我们的产品或服务确实存在一定风险，就要把这些风险跟客户说明白，并且提醒客户，自己的产品或服务在使用过程中有哪些地方是需要特别关注的，或者是要怎样去避免的，从而切实保证客户的安全。这样不但不容易打消客户的购买意愿，还会让客户感到：原来你不是

只想赚我的钱，你也关心我的安全和利益。客户了解了产品的优势，也清楚了产品的缺点后，还愿意与你成交，那才是对你和你的产品真正的认可，并且会因此对你更加信任。

与此同时，我们也要告知客户，客户在使用产品或享受服务过程中出现任何问题都可以及时反馈，我们愿意为客户解决。或者询问客户，希望我们为他解决哪些问题、在哪些方面提供更好的服务，等等。

总之，这一切沟通的目的都是让彼此的需求最大限度地获得满足，让彼此的感受都得到理解和照顾。

三、互相有分工、有责任边界，平等且安全

在交易过程中，总会不可避免地出现客户不满意的情况，尤其在客户使用产品或享受服务过程中，不满、投诉等情况更是时有发生。即使是最优秀的企业，也不能永远保证不发生失误，或让客户完全满意。

一些销售人员生怕自己的产品不能让客户满意，因而在销售过程中极力夸赞自己的产品，而在客户有不满时，又会把责任推到客户身上，认为客户是无理取闹、故意找碴儿。在这种情况下，客情关系又怎么能好呢？

聪明的销售人员在面对客户时，往往会进行有效的客户预期管理，适当降低客户的期望水平，把产品、服务在使用

过程中可能出现的问题都坦诚地告知客户，然后提升自己的产品、服务和解决方案的交付质量。这样就容易让客户获得超值的惊喜，同时更加珍惜这份超值的期望体验。即使这种体验出现一些问题，客户也会觉得情有可原。

与此同时，销售人员还要明确自己与客户之间的分工和责任边界，比如，产品或服务出现哪些问题时是自己可以帮助客户解决的，而哪些问题是需要客户来配合解决的，这就是我们常说的"把丑话都说在前面"。这样一来，销售人员就和客户站在了平等的角度沟通责任问题，双方达成共识后，即使以后真的出现问题，也能够认同彼此的责任，而不会觉得自己吃亏上当，影响了彼此间的关系。要知道，一段长期的客情关系势必要势均力敌，相互为对方提供同等的价值。这样的关系才是最安全、最稳固的客情关系。

03 主动分享，传递积极情绪，与客户达成情绪连接

笔者相信很多企业和销售人员在接触客户时，都会发现这样一种现象：明明自己的产品和服务都很优秀，但客户却更认可另外一家企业的产品或服务，或者更愿意接触另外一些销售人员，原因是什么？

原因就是客户受到了客情关系的影响。虽然客情关系不一定能确保每一次销售都成功，但是实现成功销售的润滑剂。而建立和维护良好客情关系的一个重要前提就是善于主动与客户分享一些有关产品和服务使用过程中的问题，或者是一些行业动态、市场预期等，甚至在与客户关系比较亲近的情况下，适当分享一些与业务无关的话题。通过这些话题分享向客户传递积极的情绪，与客户达成良好的情绪连接。

《情感营销》中明确指出:"情感是成功的市场营销的唯一的、真正的基础,是价值、客户忠诚和利润的秘诀。"加拿大营销学教授杰姆·G.巴诺斯通过调研也指出,客户关系与人际关系有着一样的基本特征,包括信任、信赖、社区感、共同目标、尊重、依赖等内涵,客户关系的本质是建立客户与企业之间的情感联系。企业只有真正站在客户的角度给予客户关怀,与客户建立超越生意关系之上的情感关系,才能赢得客户的心,以及客户的忠诚。

那么,企业和销售人员如何与客户达成有效的情绪连接呢?

国内一家媒体曾刊文"客情维护几招几式",建议企业如何维护与合作伙伴的客情关系,颇为实用。其中主要包括:经常真诚地问候客户;经常与重点客户相互走动,联络感情;向客户介绍产品时,要把产品价值详细地讲解清楚;把客户当成朋友,平时适当赠送一些小礼物;遇到客户有困难时,能帮就帮一把;经常跟客户分享成功经验和行业信息;经常互相交流个人爱好;节假日给予客户及家人一定的人文关怀,等等。

笔者把以上维护客情关系的方式进行了总结,同时结合个人的经验,笔者认为企业和销售人员主要可以从以下三方面入手与客户建立情感连接:

一、相互分享内心感受与情绪

对于绝大多数客户来说，他们都是很乐意与企业建立长久的合作关系的，这主要是因为他们希望从这种关系中获得一定的优惠和特殊的照顾。如果能够得到，就会激发他们与企业建立良好关系的欲望，并且会主动与企业建立情感连接。

但是，在此过程中，企业和销售人员仍然需要不间断地与客户保持沟通与联系，真诚地对待客户，销售人员还可以主动向客户分享一些自己内心的感受、情绪等，通过对客户的理解、体贴及个性化经营，增强与客户之间的情感。当客户感受到来自企业和销售人员的善意时，也会敞开心扉，与对方分享自己在使用产品或体验服务过程中的一些建议、感触，或者是竞争对手产品和服务中的一些优势等，帮助企业和销售人员不断改进产品质量、优化服务品质。

企业与客户之间一旦有了这样的情感交融，双方原本单纯的买卖关系就会升华为休戚相关的伙伴关系。当客户与企业的感情深厚时，客户就不会轻易流失，即使受到其他利益的诱惑，也会掂量与企业之间情感的分量。

二、从客户角度出发，善于与客户共情

优秀的销售人员一定会设身处地地从客户角度出发，模拟客户的心理活动和思考脉络，提前做好各种预期，未雨绸缪。同时，销售人员还要善于与客户共情，想象如果自己是客户的话，面对某款产品或某项服务时，会产生怎样的情绪和情感变化、会做出怎样的反应活动等。

比如，某个生产线路板的公司希望购买一台显微镜来观察产品是否合格，但一台显微镜要几十万元，成本投入比较大。如果你是显微镜销售方，面对客户的犹豫，就要站在客户的角度，与客户共情思考一下：客户到底会不会买？客户都会考虑些什么？为了更快更准地拿下订单，我们需要弄清客户的顾虑是什么，然后才能见招拆招，顺水推舟。

简而言之，就是要了解客户所处的背景环境，基于理性和感性的思考，思客户之所思，想客户之所想，这样才能更好地帮助客户解决问题，与客户建立情绪连接。

德国巴斯夫公司高级创新设计专家克里斯蒂安·贝伊曾说过："从客户体验角度来看，共情力很关键。问对问题，进行反思，把发现转变为吸引人的产品，是我们想要努力实现的目标。"

巴斯夫公司是德国的一家大型化工企业，其核心竞争力就是出色的化学家及其所研究的化学知识。但是，大多数化学家是不善于发掘客户需求的，他们的职业训练也使得他们有着不一样的思维方式，所以公司需要帮助他们理解客户的需求，并对客户情绪产生一定的理解。而克里斯蒂安·贝伊所在团队所做的就是这样的事情。

为此，克里斯蒂安·贝伊带领营销团队进行了很多共情设计，走出办公室去调研客户的实际需求和痛点，和客户生活在类似的环境中。比如在巴西，巴斯夫的营销团队就和巴西的马铃薯种植者进行多次沟通，并且表示：如果这些马铃薯种植者能遵循巴斯夫专家们的意见，就可以在减少化学品用量的同时提高产量和质量。最终，这一模式发展成了一种新型的、基于服务提供产品的商业模式。农民们了解到营销团队这样做都是在为他们着想，因而不但愉快地支付了化学用品的费用，还购买了一些服务，比如何时喷洒农药的建议、了解产量数据值等。

通过这样的模式，巴斯夫不仅是在销售产品，而是在为客户提供更高的产量、更好的质量和更多的市场准入服务。而农民们从中得到了好处，自然愿意继续与巴斯夫公司合作。

三、向客户传递积极情绪，帮助对方走出低谷

深圳有一家名叫易通安达的物流公司，颇具规模，然而在新冠肺炎疫情暴发后，由于业务人员无法定时去拜访客户、维护客情关系，展会也无法正常开展，客户流失比较严重。

为了留住优质客户，公司积极寻找各种措施，而大家都很清楚，留住客户最有效的方法就是为客户提供高品质的服务。对于物流类企业来说，面对的 B 端电商客户较多，电商客户定制化服务诉求又十分多样，包括送达时效要求、信息反馈要求、代收款要求、包装要求、签回单需求、月结需求等。为了让优质客户获得优质体验，销售人员首先积极地去了解客户的具体需求，为其提供价格适配的产品方案，同时持续地向客户传递积极的情绪，让客户感觉自己是被关注、被重视的。

疫情防控期间，物流运费暴涨，这给电商客户带来了很大的经营压力。为了与客户共渡难关，易通安达物流坚持没有对客户涨价。不仅如此，易通安达还针对卖家资金回款速度慢的特点，升级了自己的服务体系，为客户提供资金支持，让客户资金回笼有了缓冲期。

这种一切为客户着想的长线思维，让易通安达收获了大

量客户的信任，提升了客户黏合度。疫情防控期间，在众多同类物流公司不断流失客户的情况下，易通安达的客户复购次数反而一直在增加。

这就是善于与客户达成情绪连接、与客户构建良性客情关系的一种有效方式。当客户能够感受到来自合作企业和销售人员的善意和帮助后，内心很容易被打动，对企业的忠诚度也会增加，甚至会随着时间的推移和合作次数的增多，双方的关系会超越合作伙伴的关系，而升级为朋友关系，这显然超越了传统销售和做生意的逻辑，彼此间也会相互扶持、相互帮助，共同成长和提升。

04 避免客情关系的三大误区

以前笔者在阿里给销售人员做培训时，经常会跟大家讨论什么是客情关系，绝大多数销售人员认为，客情关系就是跟客户关系好，并且越亲密越好，这样在销售和回款时才不会被客户为难。

从一定程度上说，跟客户关系好、感情亲密确实可以维护客情关系，但这不是重要因素，有时候甚至会起到反作用。笔者以前有一位西宁的销售员，跟许多客户都好得一塌糊涂，经常一起吃吃喝喝、称兄道弟，凭着关系好和所谓的放心去跟客户打交道，对账、收款也不认真，最后客户欠账越来越多，导致几十万的款项无法查清，连凭据都没有，他自己也说不清楚，最终让公司损失惨重。

在销售过程中，客情关系的确可以弥补利益关系的不足，但客情关系不能代替利益关系，没有利益关系保证的客情关系是不牢固的，也是不能持久的。客情关系要做到牢固和持久，利益保证和情感沟通两者缺一不可，但利益保证始终应该放在第一位，情感沟通放在第二位，最终企业与客户之间还是以利益为切合点。很多销售人员偏偏忘记了这一点，把客情关系当成了工作的重心和目的，好像销售工作就是为了搞好客情关系，忽略了客情关系要服从并服务销售工作这个关键性条件。

当然，从一定程度上说，客情可以成为商业合作往来的润滑剂和增强剂，销售过程中的产品推广、优先陈列、资金结算等除了依靠书面合约或利益刺激外，还需要依靠长期的客情工作。与此同时，客情还可以让客户谅解和包容你偶尔的产品质量问题和服务过失。但是，这并不表示我们可以在销售过程中无限夸大客情关系。客情关系一定要建立在生意的基本工作到位的前提之上，才能发挥更大的作用。

所以，笔者在培训过程中经常说，真正的客情关系应该是充分尊重客户，视其为平等的合作伙伴，确保客户的合理利益，为客户创造价值。为了维系正常的客情关系，销售人员在面对客户时要注意规避一些明显的误区，不要影响正常健康的客情关系。

一、避免"套路"客户

以前笔者在给销售人员培训时，经常会提到一个问题，就是要实现成交，必须学会挖掘客户需求，找到客户痛点，并且要善于放大客户现有的需求和痛点，最后告知客户，自己可以帮助他们解决当前面临的难题，从而激发客户的利益需求。在此过程中，我们要真诚、坦率地对待客户，提升客户的情绪价值，让客户感知到我们的专业和诚意，继而与我们建立起融洽的客情关系，并最终达成交易。

但是，在这期间也容易出现一个问题，那就是有一些销售人员为了签单而签单，刻意挖掘客户需求，过度放大客户的痛点。简而言之，他们会过度对客户的现状进行解剖，明明客户当前不会出现某类问题，他们却通过各种方式让客户认为自己一定会出现某类问题，从而不得不选购销售人员推荐的产品或服务。这就像一些销售经常说的：在客户撕开的伤口上再撒一把盐。

笔者是很反感这种行为的。虽然销售的目标是签单，但如果无底线地放大客户并不存在的寻求，开始时，客户可能会接受你的建议，购买了产品或服务，而一旦客户发现自己被你套路了，立刻就会对你失去所有的信任和好感，之前建立起来的客情关系也会随之崩塌，此后你在他心目中可能就是"一生黑",想继续合作几乎没有可能了。

所以说,在挖掘客户的潜在需求,寻找客户痛点时,一定要把握好一个度。你只有找对客户的需求和痛点,并有针对性地满足了客户这些需求,解决了这些痛点,就可能赢得客户信任,与客户慢慢建立起良好的客情关系。否则,很可能因此而失去一个重要的客户。

二、避免一套方案用到底

客户之所以愿意跟我们建立连接,愿意接受我们的产品或服务,是因为认可我们的解决方案,或者认为我们的解决方案可以帮助他们解决痛点问题,带来较高的价值。

但在实际销售过程中,很容易出现这样一种现象:有些公司只卖一款产品或提供一种服务,销售人员在推销时,自然只能推销这一款产品或服务,而客户的问题却是千姿百态、千差万别的,你的一款产品或服务不可能解决客户所有的问题。久而久之,客户自然就去寻找更适合自己的产品和服务了。有些销售人员为了不让客户流失,或者为了自己的业绩,就会强行向客户推销自己的产品,而不关注自己的产品是否真的是客户的最佳解决方案。这就很容易引起客户的反感,破坏好不容易建立起来的客情关系。

要避免这种状况出现,与客户维持健康、长久的客情关系，企业就要积极改进自己的产品或服务，为客户量身定做解决方案，做到求同存异，而不是一套方案用到底。这样的企业不论面对什么样的客户都难以持久。更重要的是，市场千变万化，客情关系也随时可能发生改变。虽然客情关系不是十分能够量化的指标，但要想做好客情关系维护，就必须有一定的指标去考核客情关系维护的努力程度。

三、接受已发生的事情并积极复盘

市场是瞬息万变的，任何企业在市场中都不会永远立于不败之地，我们的客户也是如此。有些客户刚开始跟我们合作时，可能经营状况较好，但在合作过程中，客户可能会由于某些原因出现经营问题，或者遇到了一些困难，导致现状比较糟糕。在这种情况下，企业该怎么办？

有些企业和销售人员一看客户的经营状况大不如前了，就立刻改变了以往的友好态度，甚至想与客户快速结清款项，不再合作，生怕这样的客户影响了自己的利益。

对于这种情况，笔者认为大可不必，因为任何企业在经营过程中都可能遇到困难或遭遇瓶颈，如果处理得当，是可以摆脱困境、渡过难关的。作为有温度的销售模式，此时企业和销售人员应该充分接受客户现状，同时积极复盘，帮助客户寻找问题的根本原因，继而在自己的能力范围之内为客户提供相应的解决方案，和客户一起战胜困难。这不仅是情分所在，更是一家企业的安身立命之本。帮助老客户续命其实就是帮助自己续命。

总而言之，不论在什么时候，客情关系都不是通过吃吃喝喝来确立的，赢得客户真正信赖的永远是你的产品和服务，所有的关系也都是建立在商业利益的基础之上的。而在笔者看来，最牢固的客情关系应该是：我们能够为客户提供竞争对手提供不了的价值，让客户离不开我们。同时，我们也愿意为客户提供有温度的销售模式，提升客户的积极情绪。唯有如此，我们才能更好地赢得客户的信赖，与客户共进步、同发展。

第六章

向内修炼，主动成为情绪价值高手

在面对客户时，销售人员都期待与对方建立良好的连接，这样才能让彼此的关系升温，最终顺利成交。但是，在沟通过程中，如果销售人员不能为客户提供积极的情绪价值，就无法与客户建立亲密的情绪连接，客户也无法对销售人员产生信任感和信赖感，合作便难以进行。这就要求销售人员不断修炼自己，让自己成为情绪价值高手，从而在面对客户时可以将正面、积极的情绪传递给对方。如此一来，客户便能回馈给我们同等的情绪价值，并心甘情愿地接纳我们的指导和建议，购买我们的产品和服务。

本章要点：

- 销售思维决定销售行为与销售结果，销售人员要努力修炼自己，学会用情绪去影响客户，从而实现成交。这也是一个销售人员的核心竞争力。
- 销售人员要具备情绪洞察力和共情力，学会站在客户的角度思考问题，始终将客户利益放在第一位。
- 努力使自己成为一个让客户喜欢的人，用自己的专业性、感染力和影响力为客户提供积极的情绪价值，让彼此的合作关系更加稳固。

01 提供情绪价值是一个销售人员的核心竞争力

有一次，笔者跟一家企业老总聊天，他说："老俞，我听过你讲的销售课程，我发现里面的销售技巧非常好。但是我觉得销售人员能不能干好销售，首先应该是销售思维的问题，把这个问题解决好，绝大部分的问题都可以迎刃而解。"

真的是英雄所见略同！这也是笔者多年来一直思考的一个问题：在不同的销售人员之间，为什么业绩差距会那么大？甚至接受了同样培训内容的两名销售人员取得的结果会有天壤之别呢？

答案就在于我们的销售思维决定了我们的销售行为，并最终决定了我们的销售结果。在现实的销售活动中，我们经常发现，一些销售人员面对客户总是步步紧逼、咄咄逼人，生怕客户跑了；还有一些销售人员热情似火、激情飞扬，想靠自己的激情"征服"客户，让客户下单……我们不能说这些方法都是无效的，但效果绝对是很有限的。根据多年的销售经历和培训经验，笔者发现，那些顶尖的销售人员虽然在外在表现上千差万别，但其销售思维却趋于一致。而在销售思维当中，包含着一个非常重要的因素，那就是销售人员要能够为客户提供积极的情绪价值，通过提升客户的情绪价值来影响客户决策，最终达成合作。而从销售人员的角度来说，善于为客户提供情绪价值也是销售人员所具备的核心竞争力。

这一点不难理解，在同质化越来越严重的今天，产品和服务已经没有太大差异，有差异的是销售人员，并且这种差异来自销售人员为客户创造的情绪价值。尤其在面对实力更高、更强的客户时，想要成功达成合作，跨越与客户在实力、地位或关系上的鸿沟，提高自己的核心竞争力，销售人员就必须依靠价值输出和提供情绪价值。

笔者在培训销售人员时经常会告诉他们，一名优秀的销售人员也是一位出色的情绪管理大师，我们不仅需要强大的自我情绪管理能力，还需要管理好客户的情绪。销售工作本来就是一件很烧脑的事，销售人员要学会"用智慧去做销售，用大脑去签单"。但是，大部分销售人员在销售时所采取的是线性思维，即简单、粗暴地对着不同的客户重复同一套简单有序的指令，效果可想而知。

要真正赢得客户，让客户心甘情愿地购买你的产品，与你建立合作关系，销售人员一定要弄清情绪价值对于客户决策影响的重要性，同时管理好自己的情绪，从而影响客户的情绪。

一、处理好自己的负面情绪

有些销售人员一旦在客户那里"碰钉子"了，立刻就会抱怨连连：

"都是客户自己的问题，跟我没关系！"

"这客户就是不识货，干脆不要跟他合作算了！"

"客户根本就不想跟我们合作，我们怎么努力也没用！"

……

类似以上的语言和心理活动几乎每天都在销售人员身上上演，并且大多数时候，销售人员会把自己的消极情绪归结为外界因素，这实际上是自我认知的缺失。

趋利避害是人的本性，把自己的不如意、不顺利归咎于外界恰恰是认不清事实的结果，也是情绪管理不当的结果。带着这样的情绪去面对客户，合作几乎是没有可能实现的。

还有一些销售人员一旦出现负面情绪，第一反应就是压制或掩饰。比如在面对客户时，有些销售人员容易产生恐惧情绪，害怕被客户为难，或者客户不跟自己合作，所以面对客户的提问、拒绝等种种压力时，容易选择逃避，从而掩盖自己的恐惧情绪。这样一来，销售人员就无法与客户实现有效沟通，客户甚至因此认为你的产品或服务有问题，这才导致你不敢面对他。当客户产生的疑惑无法解开时，又怎么能放心地跟你合作呢？

心理学家认为，情绪系统是人体生理系统与认知系统交叉结合的反应，是人体的一种自我保护机制。真正困扰你的不是你的情绪，而是情绪给你带来的感受以及你对负面情绪的理解。如果一味地逃避、掩饰、压抑，最终只会让被压抑到极限的情绪产生巨大反弹，以更加猛烈和更具有破坏性的方式爆发出来。

所以，销售人员要为客户提供情绪价值，首先要处理好自己的情绪。即使是面对客户的为难，也不要逃避，更不要对着客户怼回去，而是尽量采取接纳、理解和理智应对的态度，学会站在客户的角度来思考问题，知道客户的做法并不是有意针对你，而是希望购买到性价比更高的产品，享受到更好的服务，获得更大的价值。当客户考虑性价比时，就会有很多的疑虑，并且会捂紧自己的钱包，因为客户永远只愿意为自己的优越感买单。

二、梳理好客户的负面情绪

有些销售人员可能不理解:"让我处理自己的情绪没问题,但我怎么能去管客户的情绪呢?客户又不受我控制!"

实际上,这里所谓的"梳理好客户的情绪"是希望销售人员能够恰当地处理客户的负面情绪。比如,客户在使用产品或服务时,可能因为某些不满而产生抱怨。如果销售人员没有很好地处理客户抱怨,客户不但可能转而选择竞争对手的产品,还会将他的不愉快经历转告给身边的人。为了避免这种情况发生,我们要通过一些有效的方法来消除客户的不满情绪。

客户在抱怨时,往往会表现出失望、烦恼、发怒等各种情感,此时销售人员的倾听和理解就是解决问题最好的前提。比如,当客户的情绪很激动时,我们要耐心倾听,并让客户知道我们非常理解他的不满,也非常关心他遇到的问题,此时可以用"我知道……""我明白……""我很理解……"等语言来表达。等客户倾诉完,情绪稍微平静一些后,我们再通过适当的语言来向客户解释原因,澄清误会,或者给出相应的解决方案。例如"我要向您解释一下,造成这个问题的原因是……""这种情况给您带来了麻烦,真的很抱歉,我现在向您解释一下……""我会把您的情况反馈给公司,让公司尽快给出一个让您满意的解决方案……"

很多销售人员感觉处理客户的抱怨、负面情绪很麻烦，而实际上，客户之所以有不满，恰恰是因为对企业、产品和销售人员抱有希望。因此，妥善地处理客户的不满情绪，为客户提供积极的情绪价值，既是改善客户情绪与态度的良机，也是销售人员不断提升自己销售业绩和能力的良机。有调查显示，问题得到满意解决的客户往往比从来没有不满意的客户更容易成为企业的忠诚客户，其重构率高达52%~95%。同时，这部分客户还会从帮助他们解决问题的销售人员处获得积极的情绪价值，从而对销售人员产生信任感，以后也会更乐意与这个销售人员打交道。

三、敢于拒绝客户的不合理要求

在销售过程中，我们要善于为客户提供积极的情绪价值，尽可能地满足客户需求，让客户满意而归。但是，客户永远都是对的吗？客户的要求永远都是合理的吗？

当然不是，并且笔者相信每个销售人员都曾遇到过不讲理的客户，包括笔者自己也曾多次遇到。面对这种情况，我们该怎么办呢？

笔者举个自己亲身经历过的例子：

以前我们有一个已经成交了几次的客户，合作一直还算愉快。有一次，他又想购买我们的一款服务，并且在电话里已经沟通得很清楚，他先把之前欠我们的尾款都补齐，我们再上门安装这款新的服务，客户在电话里也答应了。

但是几天后，情况发生了变化，客户要求我们先安装好这款新的服务，使用后没问题的话，再补齐之前的欠款。原因是他有顾虑，担心我们要求他补齐欠款后，万一这款新的服务项目没有保障，或者没有达到他的预期，会影响他的正常使用。

当时正好由笔者负责与他对接，笔者就告诉他："我们公司从来没有出现过这种情况，更何况我们的服务一直都强调质保终生。"沟通多次后，他还是不同意。关键在于，他还是个关系户，欠款数额较大，得罪不起，于是笔者就想了个对策，笔者说："李总您看，首先您是关系户，您一句话顶我说十句。这样吧，您给我们领导打个电话吧。"其实我知道，他就是故意找碴儿，想寻求一下心理平衡。不过他也很清楚，我们给他的优惠是当时很多客户都比不了的，所以笔者知道他并不会打这个电话。

最后，笔者就跟他打亲情牌，笔者说："李总，您这么大个领导，又这么重视跟我们领导的这份交情，为难我们就相当于在为难他，让他在公司难做。更何况咱们合作了多次，您公司的售后一直是我负责，有什么问题您直接找我。您这么重情义，不想跟我们领导的情谊附加上利益，那我们就更要信守承诺了。"

这句话还真发挥作用了，最后这个客户付清了之前的欠款，我们又继续为他提供服务。

通过这个案例可以看出，当客户提出不合理要求，我们又不好直接拒绝时，首先，要给予客户适当的安慰，不要跟客户僵持，否则损失的是我们自己；其次，可以试着帮客户找个台阶，让客户一听就知道我们是在拒绝他，而不再继续强调他的不合理要求。如果这些仍然不管用，那也可以像我一样，设置个客户无法再继续要求的框架，让客户清楚选择了某些条件可能会损害他在其他方面的利益，使客户不好意思再提要求。

但这里也要注意，在拒绝客户的同时，一定要安抚好客户的情绪，不要伤及客户的面子，让客户知道，我们拒绝他的要求并不是不想跟他合作，或者降低我们的服务标准，恰恰相反，正因为重视与他的合作，我们才希望双方能够建立互相尊重的、互相理解的、长久的合作关系，而这样的合作关系一定是建立在共同利益基础之上的。双方都受益，合作才能更持久、更愉快地进行。

总之，在销售活动中，销售人员一定要转变自己的思维，学会用情绪去影响客户，而不是用口才去说服客户。当然，在面对客户时，如果你能够做到以上三点，那么你就具备了一定的销售核心竞争力，在与客户打交道时能更加如鱼得水，赢得客户的信任与好感。

02 情绪价值拉开了"销冠"与"小白"的差异

作为销售人员,你是否想过,怎样才能让自己在最短的时间内从一个销售"小白"成长为销售高手,甚至成为销售冠军?

大部分销售人员简单地认为,销售就是"卖东西";还有的销售人员认为,只要自己推销的产品足够好、品牌足够响,或者跟客户关系好,销售就完全不成问题。其实这些都是对销售很片面的理解。笔者一直强调,销售不是在卖产品、卖服务、卖品牌,而是在卖客户需求,是在为客户提供价值。

一些销售人员在跟客户沟通时,很善于讲述一些感人的故事,或者传递一些比较感人的信息,这就是在向客户提供情绪价值。

举个例子,GoPro 是美国一家知名运动相机生产厂商,公司还生产各种高清摄像机。但是在 2010 年前后,公司的高清摄像机销售情况并不理想。为了提升销量,公司的销售部门想了很多办法，但效果都不理想。

2013年，美国加利福尼亚州的佛雷斯诺小镇发生了一起火灾，消防员接到电话后，立刻赶赴现场。当时消防员注意到房间内有一只小猫，就花了很大力气把这只小猫救了出来。而这一画面刚好被安装在消防员头盔上的 GoPro Hero3 高清摄像机记录下来。

公司的销售部门看到这个视频后，销售经理立刻有了主意，他让技术部门对该视频适当剪辑后，将其上传到 YouTube 上，结果在很短的时间内，浏览量就达到了上百万次。整个解救过程让人们感受到了消防员的同情心和爱心，也感受到了人性的关怀和对生命的重视。虽然这些都是针对消防员而产生的情感，但影响了人们对 GoPro 的看法，大家纷纷赞美这是一家有温度、有爱心的公司，能够与消防员、与普通大众共情，并且通过了解发现，这也是一家技术超群的公司。之后，GoPro 公司的摄像摄影产品便热销全球。

对于销售人员来说，有时与其千方百计地说服客户相信自己的产品质量上乘、值得信赖，倒不如直接抓住客户本能的反应，而情感就是最本能的一种体验。客户首先是一个人，人本身又是情感丰富的生命体，很容易因为外界刺激而引起情绪和情感上的变化，所以，销售人员只要善于刺激客户的情感和情绪，激发客户的情绪价值，就可以更好地引导客户的消费行为。

但是,笔者认为,想要为客户提供情绪价值,成为销售冠军,创造销售佳绩,销售人员至少需要具备三种技能(如图6-1所示):

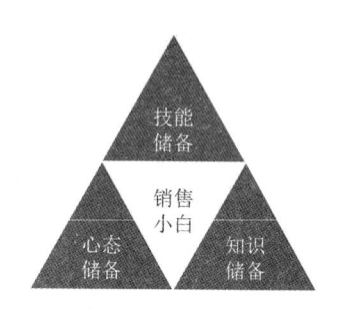

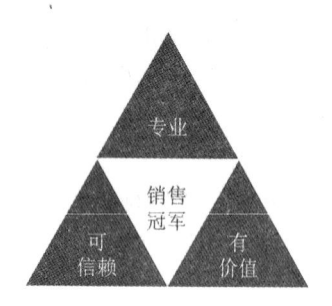

图 6-1

一、技能储备

想要让客户对我们产生信赖,愿意与我们合作,最关键的一点就是一定要让客户感受到我们的专业性。

那么,怎样才能让客户相信我们是专业的呢?

一种最为直接有效的方式就是销售人员在与客户沟通时,能够通过一定的语言表达能力清晰、准确地展现出产品的性能、优势、价值等,同时要善于在客户的业务场景和自己的产品或服务之间建立起一种合情合理、经得起推敲的严密逻辑,再通过沟通、演讲等方式描述一些具体场景,引出问题,引发思考，引起共鸣，引导客户的思维与情绪，使客户与我们的思维与情绪保持一致，最终接受并认同我们的观点。

要达到上面的目的，需要销售人员具备较强的语言表达能力、演讲能力、逻辑思维能力等。因为在介绍产品和服务过程中，你需要将自己的产品或服务的性能、优势、价值等准确地对应到客户需求或痛点上。

比如，下面这两个销售员在介绍自己的产品时：

甲："我们的房子采用的是新疆卡拉麦里金外立面。"

乙："我们的房子之所以能够做到时间长了还跟新的一样，是因为我们采用了新疆卡拉麦里金外立面，这种材料的密度更小。"

对比之后，你发现差别在哪里呢？

最关键的差别就是表达的角度不同，一个是站在产品的视角来呈现产品，而另一个是站在客户的视角来呈现产品。而事实上，客户在购买产品时，只关心自己能从产品中获得的好处是什么，不会关心你用的材料是什么，更不会关心那些他根本听不懂的术语都是什么意思。所以，在介绍产品时，你的产品所用的材料能给客户带来什么好处才是最关键的。

与此同时，在表达过程中，销售人员还要多运用积极的语言，让客户从你所介绍的产品和服务中获得积极的情绪反应，比如："赵总，您今后几年都会因为选购我们的产品而感到满意的，效率高、易于操作是这款机器的特点。"而不要说："您放心，这款产品绝对不会出现差错！"

当然，对于销售人员来说，想要从销售小白成长为销售高手，需要不断提升自己的销售技能，持续地练习，而每天的工作就是技能训练的最佳途径。一般来说，销售技能的提升空间与对客户的拜访量有直接关系。拜访量越大，相关技能提升越快，也就越能提高整体的销售效率和向后转化率。

二、心态储备

销售是一个高压力、高要求的职业，想要获得销售业绩，不但需要我们积极地调整工作心态，以一种热情、专注、乐观的态度去面对工作，还要善于通过积极的情绪传递对客户产生影响，赢得客户的好感和信赖。这一点对于ToB（为企业提供服务）业务来说更加明显，因为客户从来不会从他不了解、不信任的人那里做出购买决定，而之所以愿意购买你的产品和服务，是因为他信赖你。正因为他对你的深度信任、他和你之间的关系品质，以及他透过你对你的企业和产品、服务产生了信心，才会选择在你这里购买。

所以，一流的销售人员会花80%的时间去与客户建立充分的信赖感，最后只花20%的时间就能实现成交，而销售小白往往只花20%的时间去与客户建立信赖感，最后可能花费

80%的力气也不一定能够实现成交。

笔者曾在书上看到这样一个销售故事：

在法国的某个城市的小巷中，人群拥挤，一个男人拿出一瓶强力胶水，又拿出一枚金币，然后在金币后面轻轻涂上一层薄薄的胶水，并将其贴到墙壁上，同时对在场的人们说："你们看到了吗？这是一枚500法郎的金币，我用的是一种新型的强力胶水把它粘在了墙上。现在，谁能把这枚金币从墙上拿下来，这枚金币就归他所有了。"人们纷纷上前去拿这枚金币，但最终没有一个人拿到这枚金币，金币始终牢牢地贴在墙上。

最后，这个男人又大声说道："大家都尝试过了吧？是什么原因让你无论如何都拿不下这枚金币呢？是大家的力气不够吗？并不是，而是胶水的黏度太强了。这就是我们厂最新研制成功的××胶水。"

由此，大家认识到了这种黏度强烈的胶水，再买胶水时，第一个就会想到这种胶水，所以这个男人的客户也是源源不断。

当你在客户心目中建立了强大的信赖感，再提出与客户合作，一切就都显得顺理成章。所以，销售人员一定要学会"养鱼"，持续地影响潜在客户，在客户心中建立可信赖感，而不是刚见面就简单地问客户要不要、买不买。只有当客户信任我们、喜欢我们的时候，合作才会变得水到渠成。

三、知识储备

对自己所销售的产品及行业知识的掌握是销售人员工作的起点。销售人员对产品的基本知识、性能、技术特性、生产工艺、质量标准等掌握得越详细、越深入，在实际销售中就越能帮助客户化解疑虑，赢得客户的信任，并帮助客户建立产品价值感。要知道，客户只会为价值买单，销售人员学会用知识为客户营造产品价值感，并在对话中解决客户的问题，就会让客户产生一种物超所值的感觉。而为了获得更多的价值和利益，客户会愿意与你保持长久合作。

在过去的 20 年中，我们一一见证了互联网、搜索引擎、电子邮件、社交媒体和移动端的兴起……在这种情况下，客户想要在竞争中立于不败之地，就会对自己提出越来越高的要求。与此同时，他们对产品、服务的要求也越来越高。销售人员怎样才能让客户看到自己的产品或服务的高价值？就是要通过对产品知识、技术知识的展现来赢得客户。在这个过程中，你不但要在面对客户时对关于产品和服务的知识对答如流，还要在客户询问你任何关于产品或服务的知识时，给出客户清晰、明确的解答。不仅如此，你还要绘声绘色地把产品或服务能给客户带来的好处告知对方，让客户可以身临其境地感受到。

有一次，笔者去一个做物联网建设运营的朋友那里，当时他的公司正好要购进一款数据分析软件，跟几个供应商有了初步的接触。那天，刚好一个供应商的销售去他那里拜访，想推进一下销售进度。可是，在公司的技术人员跟这个销售人员对接时，却发现这个销售人员对很多关于软件的知识不了解，沟通时也只会说一些场面话，什么"我们不会亏待贵公司的，一定给予贵公司最大的优惠""我们会提供最好的服务给贵公司"，至于什么样算是"最好的服务"，他说不上来，最后只好打发了这个销售人员。

下午，他们又接到了另一家供应商的电话，这个销售人员就显得很专业，对于软件的性能优势、使用方法、升级服务，以及该软件目前难以克服的缺点等都介绍得非常详细，让技术人员很满意。最终，他们与第二家供应商签订了合作协议。

实际上，真的是第一个供应商的产品不好吗？不见得。但由于销售人员缺乏专业知识，对产品知识没有完全掌握，所以不管他给出多大的优惠、承诺多好的服务，都难以让人产生信服感和价值感。客户只会为产品的价值买单，而不是你给的优惠和你承诺的服务。

通过以上阐述可以看出，销售小白与销售冠军之间的差异是很大的。但从整体上说,能够为客户提供积极的情绪价值,让客户对销售人员产生信任感,继而对产品和服务产生信任感,并最终愿意为这种价值买单,就是拉开销售冠军与销售小白的最大差异。

03 情绪洞察力和共情力是必需品

销售是销售人员与客户之间心与心的互动。销售的最高境界并不是把产品或服务"推出去",相反,而是把客户"引进来",让客户主动购买。从这个角度来说,销售就是一场心理博弈战,谁能掌控客户的心理和情绪,就能成为销售的王者。那些优秀的销售人员在跟客户沟通时,从来不会只向客户推销产品或服务,而是会站在客户的角度考虑问题,并且会在言行举止之间向客户传达这样一种信息:我是在为你解决问题,帮你创造价值,而不是一门心思地赚你的钱。

要达到这样的境界,单纯地向客户推销产品或服务是不行的,而是要认真揣摩客户的心理,了解客户的喜好,洞察客户的情绪变化,甚至要与客户共情,用同理心感受客户的深层需要,从而挖掘客户的真实诉求,找到准确的切入点,最终与客户愉快地达成合作。否则,便可能在无意当中失去客户。

有一次，笔者陪同一位销售汽车维修保养工具的朋友去拜访客户。来到这家公司的维修车间后，他好不容易找到了技术总监，并说明自己的来意，还非常热情地介绍了自己公司产品的品牌，并且询问了技术总监当时正使用的一些维修工具的品牌、型号、性能状况、年消费量等。

笔者发现，两个人你问我答，沟通得还算顺畅。这时，笔者这位朋友似乎为了更有针对性地向技术总监推荐产品，问道："您这边目前各类工具使用和保养中的问题主要有哪些呢？"

听到这个问题，那位技术总监略微皱了一下眉，脸色随即一沉，然后抬手一指，说道："那边就是工具区，里面红色工具车里的工具就是已经坏掉和待维修的，你们先自己看看吧，我还有事，先失陪了。"说完转身就离开了。

笔者这个朋友还挺高兴，忙跑到工具区，对各种工具一通故障检查，最后信心满满地说："我们的产品质量绝对比现在这个工厂的好，故障率要低得多，这个订单肯定能拿下！"

但是，当我们再找那位技术总监，想谈谈合作的事时，却发现怎么都找不到对方了，打电话也不接，最后我们只好败兴而归。

回到家后，我们对这次销售进行了复盘，笔者问朋友："你怎么看这次的情况？"他想了想说："我感觉自己输在了观察力上，没有一进车间就先观察一下工具区，看看故障工具。如果我提前做了这些工作，后面再跟客户沟通时就不会显得那么不专业，还主动去问客户的痛点和需求。还有就是没有洞察客户的情绪变化，客户在感知我的不专业后，已经有抗拒情绪了，但我没有觉察到，最终导致沟通被迫中断，无功而返。"

类似以上的情况，笔者相信很多销售人员都经历过。虽然我们无数次提醒自己，要去挖掘客户的痛点和痒点，但在实际销售过程中，还是很容易忽视客户的情绪变化和真实需求。

为什么那些优秀的销售人员可以更有效地找到客户痛点，实现成交？原因就在于他们能够通过客户的情绪变化准确地判断出客户的真实需求，继而通过适当地与客户共情，让客户感觉自己的问题可以通过销售人员提供的方案得到解决。如此一来，客户才更有可能愿意成交。

由此可见，在销售过程中，销售人员具备一定的情绪洞察力和共情力是实现成功销售的必备能力。

一、情绪洞察力

什么是洞察力？

简单来说，就是带着目的去观察某一事物的本质与事物之间的深层关系。洞察的本质就是寻找规律与联系，这也是销售人员在销售活动中必备的一种能力。而人的情绪有很多种，并且会通过肢体语言、面部表情、说话语气等有意无意地表现出来，如果销售人员能够洞察这些情绪背后的真实想法，就能洞悉客户的内心世界，知道客户此刻在想什么或需要什么。

要想弄清楚客户不同时刻的所思所想，笔者给大家推荐两种方法，这两种方法可以很好地帮助你洞悉客户不同情绪所代表的不同内容：

第一，我们要扩大观察范围，并分析原因。

比如，平时客户跟我们说话时都是一副不紧不慢的样子，好像等着我们开出更优惠的条件才愿意成交，而今天却显得很着急。这时，你就要分析一下原因：是不是客户要忙着交付产品而原料不足？是不是产品出现了问题，客户急于解决？……分析并弄清这些情况背后的原因，就能帮你更深入地了解客户当前的需求。如果能找准切入点，客户可能很快与你达成交易。

第二，我们要锁定观察内容，并寻求真相。

有一次，笔者到一家公司去拜访客户，到了客户的公司后，发现办公室其他人员都在井然有序地工作，只有采购忙得团团转。笔者当时就想：这些采购这么繁忙，是不是有急于采购的原材料？或者之前的原材料供应商出现了问题或纰漏？而笔者所代表的公司就是一家原材料供应商，这不就是笔者接下来要解决的问题吗？所以，接下来笔者赶紧去拜访了采购部经理，在充分介绍了我们的产品和服务后，并没有费太大的力气，我们就签订了第一份合约。

在销售活动中，销售人员要时刻保持分析和思考的姿态。如果洞察力很强，就不会漏掉任何蛛丝马迹，销售效率也会高出很多。

二、共情力

在《共情的力量》一书中，哈佛心理学家亚瑟·乔拉米卡利对"共情"进行了详细解读。他认为，共情就是理解他人特有的经历并相应地做出回应的能力。共情可以提高我们对他人想法和感受的觉察力，它关注每时每刻的沟通。而这正是每一位销售人员应该具备的能力。

一个优秀的销售人员在跟客户沟通时，要善于消除客户的心理芥蒂，并深得对方的信任，这样客户自然会愿意购买你的产品。我们常说，普通销售人员卖的是产品，销售高手卖的是服务和价值，他清楚地知道客户是谁、正在想什么、有什么样的需要，以及顾虑是什么、最看重什么，从而通过共情让客户感受到销售人员的用心和善意，最后自然愿意为这样的服务和价值买单。

以前在笔者房地产销售时，经常会带客户去看房。一般的销售在为客户介绍房子时，基本就是介绍这是客厅、这是卧室、这是阳台，这些房间都有多少平方米，房间采光如何如何。简单来说，就是说一些客户能看到的东西。

但是，笔者在为客户介绍房间时，一般会这样说："这是您将来的客厅，这是您的卧室，这是您的阳台，您现在可以站在阳台这里，感受一下南北对流的自然风。您平时爱看书或养一些花草吗？"一般客户会回答"爱看""喜欢养"，这时笔者会继续说："那您就可以坐在这个卧室的飘窗上，想象一下手捧一本好书，尽情地享受美好的下午时光。或者在这里养几盆您喜欢的花草，茶余饭后侍弄侍弄花草，那感觉真的是美滋滋呀！"

这个过程就是在制造"共情"，通过语言描述来调动客户有意识的情感，让自己进入"房间主人"这个角色的过程。当然，客户也可能会想象坐在飘窗上玩手机、追剧的快乐。

这时，有的客户可能会说："房子是不错，但有点超出预算了。"

这时，有的销售人员可能会跟客户争辩，说房子不贵、很值，等等，但笔者不会这样说，因为客户之前一定对周围房价了解过，我们跟客户争辩，只会让客户反感。所以，笔者会先承认客户的顾虑，并表示这个楼盘确实比周边的价格要贵，但这个片区却是卖得最好的，然后对客户说："您也可以和家人再商议一下，如果真能确定下来，我可以尽量为您申请折扣。"

有了之前的想象作为铺垫，客户回去后，大脑中就会不断出现自己住进去之后的生活场景，甚至以后如何改造、如何装修等都会设想一遍。虽然价格超出了预算，但因为真的喜欢，最终基本会咬咬牙定下来。

所以，成功的房产销售人员从来不说自己是在卖房，而是在卖"家"。

销售其他产品的过程也是如此，想把产品顺利地卖出去，就要善于与客户共情。没有共情力，就无法引起客户的共鸣；没有共鸣，客户对你的产品就不感兴趣，就不会想要去了解你的产品，也不会去购买你的产品。

在互联网时代，每个人都拥有大量的机会。我们常说，这是一个口碑的时代，更是一个个人魅力主导的时代。对于任何一个销售人员而言，你推销的产品是什么并不重要，因为一个成功的销售人员所推销的其实是他这个人,是他能够为客户提供的情绪价值,也就是他的个人魅力。只有善于观察客户,时刻洞悉客户的情绪活动,并且能够站在客户的角度换位思考,不断为客户提供更好的情绪价值,客户才能记住你、信任你,也才有可能与你建立更深入、更长久的合作关系。

04 始终将客户利益放在第一位

销售人员在任何时候都要记住一件事：客户最终买单的不是产品或服务，而是产品或服务能够为他们带来的价值和利益。

举个最简单的例子，人们买冰箱真的是为了买冰箱吗？显然不是，人们买的是冰箱保鲜食物、储存食物的功能。人们买车就是为了买辆车吗？也不是，买车是为了代步，节省时间，或者为了让自己有面子，得到合作伙伴的重视……

因此，在与客户沟通时，不管你采用哪种战略战术，都必须把客户的利益和能够从交易中获得的价值放在第一位，最好能够把客户视为亲切而有价值的朋友，觉得认识他们是你的幸运。如果一家企业和销售人员能将精力用于关怀客户，他们自然会获得客户更高的忠诚度。相信很多人都听过这句话："尊重是赢来的。"客户忠诚度也是如此。当客户体会到你的关注和重视，并且看到你一直在为满足他们的需求而努力后，他们也会以同样的忠诚回报你，为你带来更多的潜在客户。

以前笔者在对公司的销售人员进行培训时，有些刚入职的销售人员就问笔者什么是销售，笔者给他们的答案是：专心利用公司的资源来解决客户的问题。简单来说，销售人员不但要对自己公司的产品有深入的了解，更重要的是对客户的需求有更深入的了解。当然，在实施过程中可能会遇到很多问题，但如果你能坚持把客户利益放在首位，真心帮助客户解决难题、创造价值，你就一定能赢得客户的信任。

亚马逊CEO杰夫·贝佐斯曾说过："亚马逊的使命是要成为地球上最以客户为中心的公司。"他还希望其他人看到亚马逊时，把亚马逊看成"一个把重心放在客户身上，并且反对把重心放在竞争对手身上的理念倡导者"。对此，贝佐斯给出的理由是："当你围绕不断变化的事情制定自己的业务策略时，你必须不断改变自己的策略，但如果你围绕着客户需求制定你的战略，那么策略往往是稳定不变的。"

但是，贝佐斯也指出，"以客户为中心"并不是事事都只听客户的，而是要"为客户创造利益"。亚马逊为客户创造利益的方式主要有两种：一种是从自己已有的技能中找到自己最擅长的，然后扩展它。比如，亚马逊就把自己擅长的网上销售内容从开始时的图书扩展到更多品类；再比如，亚马逊的"云服务"最初只是在自己公司内部使用，后来将它开放给所有外部用户。

另一种方式是研究客户，找到客户的真实需求。其中，Kindle电子阅读器就是一个根据客户需求研制出来的产品。亚马逊为了做Kindle，要求技术人员专门去学习了硬件领域的知识，并且把几种不同的技术融合在一起，最终创造出了一个整体性的服务。

正是基于以上经营理念，亚马逊才能横跨电商平台，在云平台、硬件平台等方面取得了一定的成功。

企业和销售人员都应该清楚，一个客户的价值远不止他与我们进行一次交易所带来的利润，而是其终身所能创造的价值总和。想要不断挖掘客户的潜在价值，我们就要不断向客户提供服务，了解客户在使用产品过程中遇到的问题，虚心听取客户建议，始终将客户利益放在第一位。在此基础上，不断改进自己的产品和服务，从而与客户实现持久的合作。

根据笔者个人的销售经验，笔者认为要把客户利益放在第一位，企业和销售人员应至少做好以下三个方面的工作：

一、积极主动地跟进客户

客户是需要主动出击的，主动跟进客户就是抓住客户的主要手段之一。销售有一个不成文的"潜规则",那就是客户会在几个实力相当的候选供应商中进行选择,哪个供应商能让客户与自己在一起的时间越长,投入的精力越多,了解的程度越深,就越有可能被客户选择。

首先,客户对供应商了解越多,信任就越多。因为相比于销售人员对产品和服务的介绍,客户更愿意相信自己看到的,并且会优先选择自己看到的。

其次,如果销售人员能够主动跟进客户,往往会给客户营造一种积极、热情的印象。客户与销售人员日久生"情",心理距离逐渐拉近,关系也会更密切。当双方建立起足够的信任后,合作就会变得水到渠成。

此外,时间、精力的投入也是成本,客户在了解供应商时付出得越多,放弃的难度就越大,重新寻找供应商意味着必须从头再来,客户也会感觉耗不起、放不下,最终也就选择了这个供应商。相反,那些无法与客户在一起的供应商因为没有被充分了解,对客户也缺乏热度,在客户眼中就会显得无足轻重。客户失去他们的成本为零,被拒绝的概率自然会相对高一些。

举个例子,有一家在华的世界500强制药企业打算建立一个新的中文网站,开展线上推广服务,于是便找来两个网络公司作为候选合作对象。这样的机会是很难得的,为此,两家网络公司都积极进行准备，设计方案和案例的选择、演示等，表现难分伯仲。药企的市场部一时难以做出决定，表示再考虑考虑，一周后进行沟通商议。

两家网络公司的代表回去后，其中一家公司便安静地等了一个星期，而另一家公司的销售代表第二天就打来电话回访，向药企公司询问更加细致的设计要求和细节，第三天便又设计出了两套新的备选方案。之后的两天，他们的销售人员时不时地给药企公司打电话，表示设计人员又对网站做了一些优化和改动。总之，药企市场部的人每天都能接到他们的电话，看见他们的设计方案。

一周后，该药企客户做出决定，就选用那家每天都在跟他们联系沟通的网络公司作为合作对象，并愉快地与该公司签订了合同。

二、保持与客户的定期联系

除了要积极主动地跟进客户外，把客户利益放在首位还有一个重要表现，就是保持与客户的定期联系，随时随地了解客户的需求和遇到的问题。必要时，甚至可以让客户参与到产品或服务的改善与更新迭代过程中，以增加客户对产品或服务的满意度。

通常来说，我们可以根据客户的重要性、与客户的熟悉程度等因素，确定相应的联系频率与方式。越是重要的客户，联系越应频繁，联系方式也可以多种多样，比如给客户打电话、发短信、发邮件，或者在重要的节日里寄礼物、登门拜访等。

这种维护客户的方式的最大价值在于能够占领客户的心智和训练客户的思维体系。就像广告语"怕上火，喝王老吉"一样，这句广告语牢牢地占领了客户的心智，只要有上火的特征，客户首先想到的就是"王老吉"的产品。同样，客户一旦有了新的需求或者遇到新的问题，也会马上想到你和你的公司。

三、正确对待客户的投诉

当客户对产品或服务感到不满意，出现投诉情况时，首先，我们要树立正确的态度，接纳和理解客户产生的不满意情绪。

其次，在大多数情况下，客户投诉的问题是产品或服务的不足之处，而这也正是企业和销售人员需要改进的地方。合理地利用这些资源，对于产品或服务的改进和优化将大有帮助，同时能获得更多的忠诚客户。

因此，当出现客户投诉时，我们一定不要找借口，更不能用各种理由拖延，否则会直接伤害客户的感情。一旦客户对企业和产品产生了消极情绪，以后想要扭转将会很难。

　　总之，保障客户的利益，让客户对产品和服务保持满意的态度是企业顺利发展的关键性因素。为了让更多客户满意，企业和销售人员要在整个销售流程中尽可能多地了解客户信息，准确挖掘客户的真正需求和期望值，再根据客户需求和习惯为其提供相应的服务，不断提升客户的情绪价值。必要的时候，甚至需要为客户提供一些超预期的服务，为客户制造惊喜和意外，让客户从中获得更大的利益，增加客户满意度，为长久的合作奠定基础。

05 成为一个让客户喜欢的人

以前做销售的时候,笔者经常听到身边的同事或朋友说:"我最不喜欢去××客户那里,每次去,××客户都是一副爱答不理的样子,你跟他介绍产品他也不爱听,很难沟通!""我那个客户更绝,竟然直接跟我领导投诉,要求把我换掉,不让我再跟他对接,否则就不跟我们合作了,我也不知道怎么得罪他了!"

通过这些描述可以得知,客户对这些销售人员已经产生了强烈的抵触情绪。客户为什么会这样抵触销售人员呢?或者说,销售人员怎样做,才能不被客户抵触,赢得客户的喜欢呢?

笔者曾经跟一位销售高手一起探讨销售经验,她谈到,对于销售这件事,不要去刻意地追求结果,而是尽量以一种平常心对待。我记得她当时问我:"如果客户通过你的介绍、引导而改变了观念，并且接受了你的建议，表示愿意选择你所推荐的产品或服务来解决他的问题。但是最后他却没有选择从你这里购买产品，这时你会怎么想？"

说实话，笔者也遇到过这样的事，当时的第一感觉就是：这个客户太不地道了，以后绝对不再跟他打交道！而当我把自己的经历和感受告诉她时，她说："其实我们换个角度来说，客户选择在哪家购买产品是客户的自由。而且，客户做出这样的选择一定有自己的理由。我们做销售的目的是什么？是帮助客户解决问题。最后客户通过你的引导，接受了你的建议，选择了你所推荐的产品，这不就已经帮助到他了吗？难道我们就因为客户没有从我们手里购买产品，没有帮助我们增加业绩，我们就对客户不满，这到底是谁的问题呢？"

她还跟我分享了她亲身经历的一件事。她的一位老客户经过她的推荐，从其他供应商那里购入了一批产品。她知道后，不但没有跟客户翻脸，反而和以前一样，仍然和客户保持着友好的关系。不久后，这个客户再次找到她，给了她一个大单，并且跟她解释说，自己的一位亲戚也做这款产品，为了照顾亲戚生意，就给了亲戚一个小单，而把这个大单留给了她。客户还跟她说："你是个非常专业的销售人员，我们很喜欢你，但我也不得不照顾一下亲戚的人情。之后你的态度更让我确信，跟你合作是值得的。"

最后她跟我说："只要真正帮助客户解决了难题，客户是能够感受到并记在心里的。之后在适当的时候，客户也一定会回馈你。我们只需要做好自己该做的，成为一个客户喜欢的人，其余的都交给时间就好。"

后来笔者认真思考了这位朋友的话，同时对她更多了几分佩服。实际上，她的境界就是所有销售人员都应该努力的方向，也就是让自己在面对客户时不要存在太强的得失心，毕竟不是每一次与客户沟通都能保证成功，即使失败了，也是意料之中的事情，何必耿耿于怀呢？但是，这并不妨碍我们继续与客户保持良好的客情关系，持续地向客户传递积极的情绪价值。客户也是有情感、有情绪的人，只要我们真心实意地为他着想，从他的真实需求出发，就能获得客户发自内心的认可，成为客户喜欢的人。而成功销售的前提就是赢得客户的喜欢。当你成了受客户喜欢的人之后，你的产品才更容易卖给客户，你们的合作关系才会更稳固。

那么，作为销售人员，如何赢得客户的喜欢呢？

一、具备专业性的知识

这是很多销售人员都容易忽略的一点。要知道，销售人员代表的是企业的形象，客户对企业、对产品有任何问题和疑惑都希望能从销售人员这里得到解决。如果你缺乏专业性的知识，对自己所卖产品的性能、优缺点、卖点，以及产品出现问题的处理方法等不了解、不熟练，又怎么可能赢得客户的信任和好感呢？

作为销售人员，在客户想要了解企业、了解产品时，必须能够运用自己的专业知识及时地为客户解答，而不是让客户再去找公司里的其他人员来询问这些问题。这也是销售人员赢得客户信赖和喜欢的一个基本要素。

二、具有情绪感染力

在很多销售人员看来，在跟客户沟通过程中，只要自己推荐的产品好、服务优质、品牌名气大，自己无须太过于用语言描述，客户就能接纳。而事实上，相同的产品、相同的内容，不同的人所表达出来的效果是完全不同的，甚至相同的话术，使用相同的措辞，不同的销售人员表述出来的结果大有不同，最终产生的结果也是大相径庭。其中一个关键因素就在于销售人员的感染力不同。

想要让客户接受你所推荐的产品或服务，就要调动起客户对产品或服务的期望情绪。而要做到这一点，销售人员必须有感染力地与客户沟通，让客户感受到我们对自己产品和服务的信心和喜欢。这样，客户才会受到我们的情绪影响，被我们的情绪所带动，从而接纳和喜欢我们所推荐的产品或服务，推动着销售朝着更有利于成交的方向发展。

以前笔者在阿里负责电话销售人员培训时，有个销售人员告诉笔者这样一件事：当时她正与一个重要客户谈一项对她来说很重要的业务，客户已经处于决策的最后关头，她想打电话给客户一方的决策者，但是她又不敢，生怕对方拒绝她，把业务搞砸了。于是，她在脑海中一遍又一遍地重复自己被拒绝的场景。

最后，她实在没办法了，再不打电话，这单业务可能就黄了，这才不得不拿起电话。但是，在打电话前，她先让自己做了几分钟深呼吸，练习微笑，然后才饱含热情地打通了客户的电话。让她没想到的是，客户接通她的电话后，不一会儿便热情地告诉她，他们已经决定跟她合作了。这时，她才长舒了一口气。

首先，客户在跟我们沟通时，不论是面对面沟通，还是打电话交流，都是能感知到我们的情绪的。当我们的情绪积极、热情、真诚，客户也会受到感染，继而对我们产生好感。

其次，感染力还体现在销售人员跟客户的表达节奏上。一般来说，在跟客户沟通时，说话节奏不要太快，让客户感觉紧张或听不清，但也不要太慢，会显得缺乏激情。同时，对客户表达的反应速度也很重要，如果客户说了半天，你还没反应过来，客户会认为你是心不在焉，对他不够重视，心里就会对你产生不满情绪。最佳的表达节奏是跟着客户的节奏走，客户的节奏快、语速快，你就跟着快；客户是个慢性子的人，你也要耐下性子慢慢跟客户沟通。这样客户才更愿意跟你沟通，并容易对你产生好感。

三、能够对客户产生影响力

在销售过程中，销售人员面临最难的问题就是打开客户的心智，对客户的情绪和决策能力产生直接影响。为什么那些销售冠军不仅能与客户建立良好的合作关系，还能稳定地保持高绩效的销售业绩？关键原因就在于他们能够有效地整合现有资源，不断提高自己的销售能力，使自己跟上企业的发展节奏，同时熟知企业的经营思路和运作模式，并善于向客户传递企业知识和积极的情绪价值，从而对客户产生很强的影响力，让客户对自己产生信任和依赖心理。

由此可见，作为一名销售人员，想要赢得客户的尊重，能够对客户产生影响力也尤为重要，这直接关系客户的情绪和决策速度。能够对客户产生影响力的销售人员往往也可以在销售过程中基于这种影响力，把控甚至改变整个销售过程的走向。客户都喜欢跟自己欣赏的人打交道，也喜欢与那些能够给自己带来帮助和价值的人交往，因为这样的人可以及时帮助客户发现问题，并为客户创造利益和减少损失。

笔者在做销售经理时，经常有客户说："老俞，你总是能把问题说到点子上。今天被你一说，我才发现这个问题，这对我们公司业务的影响真的很重要！"一开始，笔者以为他们对笔者只是一种礼貌性的表扬，后来渐渐明白，这是因为笔者所表达的问题及整个人的状态都在影响着客户，所以也会让客户产生好感。影响力可以在无形中增强客户的信赖感和依赖感，进而增强客户的情绪价值，让客户自觉自愿地跟着你的销售思维走。

致　谢

特别感谢广东特地陶瓷有限公司CEO李强先生为笔者提供了机会和平台，让笔者对传统行业有了更深层次的洞察，也让笔者对您和您团队拼搏奋斗的精神肃然起敬。

特别感谢深圳银河咨询有限公司CEO许孝杰先生，大湾区青年创业的杰出代表，始终践行着以客户为中心的理念，17年孜孜不倦深耕一个领域。

特别感谢广东隆信激光智能装备有限公司CEO夏国章先生，坚持不懈深耕智能制造行业，为传统制造业插上科技的翅膀，翱翔天际。

特别感谢佛山宽裕不锈钢有限公司CEO黄宽铭先生，中国年轻人通过努力改变现状的奋斗青年典范。

特别感谢佛山市南海永锢五金制品有限公司CEO蒋华

君先生，好壳体，永锢造，特别美丽且有价值、有意义的事业。

特别感谢广东共力建材有限公司 CEO 蔡锦添先生，不畏艰辛，守正出奇，带领团队从车间走向全球的大湾区制造业典范。

特别感谢广东天清佳远环境科技有限公司 CEO 席祖军先生，毅然决然投身环保事业，孜孜不倦任劳任怨造福一方。

还有很多一路上支持销售力专业研究院的朋友们：洁洋 CEO 廖总、鹏芯 CEO 张总、微测 CEO 薛总、商律通刘总、采芯小平总和陈总、华铭信 CEO 邱总、至善科技 CEO 彭总、新细亚联席 CEO 兰总和黎总、南鹏 CEO 陈总、通邮 CEO 刘总、泰旭 CEO 陈总、河池 CEO 陈总、马尚 CEO 麦总、云盛芯 CEO 张总和蔡总，以及探迹 CEO Jerry、晓峰、叶俊、夏海平、Tony、卢耿龙、可可、朱煜、翠玲、光景、路洋、志辉、志彬……

其实需要感恩和感谢的销售兄弟朋友们很多很多，感谢你们对科学销售的认同与支持，与你们一路同行是莫大的荣幸！

一路上总有人相知相伴、无怨无悔地与科学销售同行，特别感谢牛玉奇先生、林晓淳女士、张光耀先生、黄小火先生……

砥砺前行，未来可期！